高等教育多元化投入体制改革研究

方 芳◎著

科学出版社
北京

内 容 简 介

　　高等教育多元化投入是世界各国高等教育资源配置面临的共同问题，也是一直以来国内外教育经济学领域关注的重要议题。对这一问题的关注和研究，不仅有利于促进高等教育事业的健康发展以及社会公平的实现，同时也对世界各国人力资源的积累和经济文化的发展有着积极的影响。本书从经济学和教育学的相关理论出发，探讨政府财政和社会资本投资高等教育在必要性和可行性上的理论依据；梳理国内外现行的政策法规，并根据相关统计数据分析国内外高等教育经费的收入来源和支出结构及其变化趋势；通过借鉴世界各国高等教育多元化投入机制的成熟经验，结合我国高等教育管理体制和现阶段发展的特征，提出合理科学的、切实可行的政府财政和社会资本投资高等教育机制的制度框架和政策建议。

　　本书为教育部或财政部等相关部委管理者、高等院校管理者和高等教育财政领域的研究者提供一定的管理思路和研究思路。

图书在版编目（CIP）数据

　高等教育多元化投入体制改革研究 / 方芳著. —北京：科学出版社，2021.12

　　ISBN 978-7-03-070881-6

　Ⅰ. ①高…　Ⅱ. ①方…　Ⅲ. ① 高等教育-教育改革-研究-中国

　Ⅳ. ①G649.21

　中国版本图书馆CIP数据核字（2021）第 261741 号

责任编辑：崔文燕 / 责任校对：杨　然
责任印制：徐晓晨 / 封面设计：润一文化

科 学 出 版 社 出版

北京东黄城根北街16号
邮政编码：100717
http://www.sciencep.com

北京中科印刷有限公司 印刷
科学出版社发行　各地新华书店经销

*

2021年12月第 一 版　开本：720×1000　1/16
2021年12月第一次印刷　印张：12 3/4
字数：210 000

定价：89.00 元
（如有印装质量问题，我社负责调换）

序
PREFACE

　　高等教育多元化投入是高等教育资源配置的核心问题，也是世界各国高等教育发展过程中共同面临的重大理论和实践问题。高等教育多元化投入体制的构建与不断完善，不仅关系着我国高等教育的健康可持续发展，也影响着国家人力资源的积累和经济社会的发展。

　　我国社会发展进入了新时代，贯彻新发展理念、融入新发展格局、坚持高质量发展已经成为时代的主旋律。我国高等教育从大众化阶段迈入普及化阶段，进入了以提高质量和优化结构为核心的内涵式发展的新阶段。高等教育经费投入机制及其相关政策法规需要随着时代变迁和社会经济环境的变化而不断完善，高等教育多元化投入也面临着新的机遇和挑战，相关研究有待不断深化，实践路径有待不断探索。

　　方芳博士自博士后阶段以来，一直专注于高等教育财政领域的研究，成果颇丰。在较长时期的研究积累基础上，她撰写的《高等教育多元化投入体制改革研究》得以出版，值得祝贺！总体来说，该书力图将理论探究与实证分析相结合、国际经验与本土实践相结合、学理研究与政策分析相结合，具有较高的研究价值。

已有研究主要关注政府财政投入的规模、比例、拨款模式和资源配置结构等维度，对于如何吸引社会资本进入高等教育领域则关注较少；少数相关研究也多局限于教育基金会在高校经费筹措中的作用、社会捐赠及其激励机制等视角。当社会资本不再只是政府财政的有效补充而是教育经费投入的重要组成部分时，对社会资本进入高等教育领域的研究则应更加全面和深入。该书的研究价值在于：一是将抽象的问题具体化，在当前我国加快构建新发展格局、推进高等教育内涵式发展的背景下，深化高等教育经费投入机制改革，拓宽保障经费增长的渠道，提高高等教育经费的使用效率，对于提升高等学校办学水平、建设高质量高等教育体系具有重要的现实意义；二是在对我国高等教育经费投入的变化趋势进行分析的基础上，利用我国高等教育经费投入（包括财政性经费和非财政性经费）的全国数据和省级数据分别建立计量模型，探索经费投入对地区高等教育规模的影响，分析普通高校经费收入结构对生均经费的影响，对于高等教育发展规划的制定和实施具有重要的启示意义；三是借鉴世界各国高等教育经费融资机制的成熟经验，为我国政府在制度规范、市场准入和激励机制等方面制定和调整政策以及保障高等教育经费平稳增长提供了政策建议和实践参考，具有重要的资政参考价值。

自 2010 年起，方芳博士一直致力于高等教育财政研究，逐步形成了自己的研究特色，并积极参与我所在研究团队开展的高等教育管理与政策、民办高

等教育改革与发展、高考招生制度改革、高等教育评价与质量保障等方面的相

关研究，取得了一批研究成果，提交了多篇政策咨询报告。方芳博士治学态度

严谨，研究思路清晰，在我的研究团队中是一位颇具协作精神和跨学科研究能

力的合作伙伴。在期盼该书出版以飨读者的同时，也希望书中提出的建议能够

进入政府的考量层面，更希望方芳博士在今后的学术生涯中能够不断取得新的

研究成果。这也是我欣然为之作序的初衷所在。

是为序。

钟秉林

2021 年 6 月端午节

前言
FOREWORD

高等教育多元化投入问题是世界各国高等教育资源配置面临的共同问题，也是一直以来国内外教育经济学领域关注的研究重要议题。对这一问题的关注与研究，不仅有利于促进高等教育事业的发展与社会公平的改善，也关乎着国家人力资源的积累以及经济、文化的发展水平。

2014 年以来，我国经济发展由高速增长向中高速增长转变，经济结构优化升级，从要素驱动、投资驱动转向创新驱动，由此我国经济进入高效率、低成本、可持续的中高速增长的新常态阶段。随着经济新常态时代的到来，政府的财政投入比例将不再持续大幅上升，完善财政拨款机制和提升经费支出的使用效率已成为新常态阶段社会关注的热点问题。同时，2010 年发布的《国务院关于鼓励和引导民间投资健康发展的若干意见》、2015 年出台的《关于在公共服务领域推广政府和社会资本合作模式的指导意见》等文件提出，应进一步拓宽民间投资的领域和范围，鼓励采用政府和社会资本合作（public-private partnership，PPP）模式，引导社会资本进入公共服务等社会事业领域。

本书基于绪论、理论分析、现状分析、实证分析和国际比较等研究视角，围绕政府财政和社会资本投资高等教育开展相关研究。主要内容包括：

第一章绪论，简要陈述所研究的问题以及研究的价值和意义，评析国内外已有研究，界定高等教育投资的内涵与外延，确定课题的总体目标、主要内容、研究思路、逻辑框架和研究方法。

第二章政府财政和社会资本投入高等教育的理论分析，内容包括：①政府与市场在高等教育投资中的作用。②高等教育投入的理论基础。结合经济学、社会学和教育学等相关理论，从成本分担理论和人力资本理论等角度进行探讨。③基于现实需求和统计数据，深度挖掘政府财政和社会资本投入高等教育的实践依据，分析政府财政和社会资本投入高等教育的必要性和可行性。

第三章我国高等教育投入体制及现状研究，内容包括：①以投资主体的单一性和多元化为划分依据，将我国高等教育投入体制分成两阶段进行梳理，并基于数据分析现阶段我国高等教育经费投入（财政拨款、学费收入和社会捐赠等）的现状；②分析我国民办高等教育的发展及投入体制。

第四章我国高等教育经费投入的实证分析，内容包括：①根据近年来我国高等教育经费投入的相关数据，从投入总量、投入结构和生均投入 3 个方面对我国高等教育经费投入的变化展开分析；②基于 2002—2018 年我国高等教育大众化发展阶段的数据，分析我国地方普通高校生均经费的变化情况及其省际差异和地区差异；③基于近年来我国高等教育经费投入（包括财政性经费和非财政性经费）的省级数据，分析经费投入对地区高等教育规模的影响；④根据全国层面的数据分析普通高校生均经费和经费收入结构的变化，并基于省级面板数据（panel data）建立计量模型，估计普通高校经费收入结构对其生均经费的影响。

第五章高等教育投入的国际比较，内容包括：①基于 2005—2015 年经济合作与发展组织（Organization for Economic Co-operation and Development，OECD）成员国、俄罗斯以及中国的高等教育投入数据，将经费投入分为政府投入、家庭投入和社会投入，分析各国高等教育投入的变化，总结梳理 OECD 成员国高等教育投入的典型模式；②以美国经验为例，从"为何"和"如何"两方面阐释了政府对私立高等教育的资助；③阐述美国公立大学经费投入的特征及其启示。

第六章完善政府财政和社会资本投资高等教育的制度框架，结合上述研究，立足我国国情，分别从高等教育财政投入体制、民办高等教育投入体制、高等教育学费制度和高等教育捐赠制度等维度，对我国高等教育投入机制改革的思路和框架提出对策建议。

目　　录

CONTENTS

序（钟秉林）

前言

第一章

绪　　论

一、高等教育多元化投入体制改革研究意义

2014 年以来，我国经济发展发生了明显的变化，主要体现在经济增长趋势稳步放缓和经济结构趋于平衡两方面，由此我国经济迈入高效率、低成本、可持续的中高速增长的新常态阶段。本书的研究对象包括两个方面，即政府财政和社会资本在高等教育领域的投入。

本书中，政府财政投入包括国家财政预算内教育经费、各级政府征收用于教育的税费、企业办学中的企业拨款、校办产业和社会服务收入用于教育的经费等。2012 年，国家财政性教育经费支出占国内生产总值（GDP）的比例首次超过 4%。随着 2014 年我国经济新常态时代的开启，政府的财政投入比例短时间内不再持续大幅上升，完善财政拨款机制和评估经费支出的使用效率已成为"后 4%"时代社会各界广泛关注的热点问题。

社会资本投入是企业流动资产和家庭金融资产的统称。2010 年，《国务院关于鼓励和引导民间投资健康发展的若干意见》中提出，"在毫不动摇地巩固和发展公有制经济的同时，毫不动摇地鼓励、支持和引导非公有制经济发展"，"进一步拓宽民间投资的领域和范围"，"鼓励和引导民间资本进入社会事业领域"，"鼓励民间资本参与发展教育和社会培训事业"。近年来，社会资本不断涌入公共服务的各个领域，由此可判断社会力量进入高等教育领域的潜力依然巨大，政府和高校应充分预期企业和个人投资的经济社会效应。经济新常态下，完善两类资本投资高等教育的机制研究，已成为我国高等教育资源配置改革的必然趋势。

在理论研究方面，已有研究关于高等教育财政拨款的探讨，多聚焦财政拨款机制、拨款方式和生均综合定额的标准制定等方面，较少从政府对高等教育财政支出责任的划分这一视角去探讨合理的拨款机制，或针对作为高教经费关

键来源的社会资本的研究过于薄弱和欠缺。本书的理论研究价值在于：其一，为优化当前高等教育经费投入体制，解决高等教育多元化投入不平衡、支出低效率等问题提供有益的理论指导；其二，探索了在经济增速放缓的大背景下，鼓励社会资本进入高等教育领域的依据和路径，兼顾民间组织的经济属性和社会资本的投资属性，拓展和完善了高等教育经费多元化筹措机制，丰富和发展了高等教育资源配置理论和高等教育财政理论。

在实践研究方面，已有研究中关于政府财政和社会资本投资高等教育的问题，大多是笼统地提出相关的政策建议，或仅对其实现途径做简单设想，并未结合高等教育的产品属性和社会资本的经济属性来综合分析其实现的可行性。本书的实践研究价值在于：将抽象的问题具体化，当前我国经济发展从中高速到稳步放缓的过渡阶段，如何深化高等教育经费投入机制①改革、拓宽保障经费增长的来源渠道、提高教育经费的使用效率，乃至提升当前教育教学质量等方面的研究都具有重要的现实意义；各国高等教育经费融资机制的成熟经验，为我国政府在制度规范、市场准入和激励机制保障教育经费增长上提供了政策参考和实践依据。

二、相关概念的界定

（一）高等教育投入

高等教育投入是指投入高等教育领域中的人力、物力和财力等资源的货币表现。高等教育是教育体系中的重要组成部分，在现代社会经济条件下，高等教育作为培养和训练各种高级人才的主要手段和途径，不仅具有特定的经济价值，而且具有广泛的社会功能和文化功能，如传播新知识、新思想、新技术，推动社会的文明进步等。在知识经济时代，教育在现代经济增长中的作用越来越大，而对经济高速增长、国家繁荣富强的追求，也迫使政府财政和社会资本必须加大教育投资力度，因为没有充足的资金投入，高等教育就难以获得长久的可持续发展。经费投入的多少虽然不是高校发展唯一的决定性因素，却在很大程度上决定着高校的发展方向和发展高度。因此，高等教育投入成为学界和

---

① 因研究中"投入体制""投入机制"的表述均存在，本书未做强行统一。

高等学校管理领域广泛关注的课题。

（二）财政支持

本书中，政府财政投入包括国家财政预算内教育经费，各级政府征收用于教育的税费，企业办学中的企业拨款，校办产业和社会服务收入用于教育的经费。2012 年以来，国家财政性教育经费支出占 GDP 比例已连续 9 年超过4%。随着 2014 年我国经济新常态时代的开启，政府财政投入比例在短期内很难持续大幅上升，完善高等教育财政拨款机制和吸引社会资本投入高等教育已成为经济新常态模式下社会各界尤其是教育领域关注的热点问题。

（三）社会资本

社会资本投入是企业流动资产和家庭金融资产的统称。2010 年，为鼓励和引导民间投资的健康发展，《国务院关于鼓励和引导民间投资健康发展的若干意见》出台，指出应进一步拓宽民间投资的领域和范围，鼓励和引导民间资本进入社会事业领域。在高等教育经费投入中，学生学费收入和其他形式社会资本投入已成为除政府财政拨款之外的主要来源渠道。尤其在经济新常态模式下，政府的财政投入比例将不再大幅上升，高校学费标准执行属地化管理且受地方发改委等部门监管，通过学费收入填补高校发展经费短缺的空间受限，因此鼓励其他形式社会资本进入高等教育领域成为拓宽高等教育办学经费的有力途径。

三、国内外相关研究现状

（一）相关研究的不同观点

纵观国内外的相关研究，从研究对象的取样范围来看，既有全国范围的总体研究，也有局部地区的区域性研究，还有不同群体学生间的比较研究；从研究方法来看，既有理论演绎，也有实证分析；从研究视角来看，既有横向公平的研究，也有纵向公平的研究；从研究逻辑结构来看，既有现状描述和成因分析，也有对策探讨。

从国内外高等教育财政投资研究内容来看，主要包括高等教育财政投资规模（厉以宁，1988；郎益夫，2002；Carnoy et al.，2014；Yang & McCall，2014）、高等教育财政投资占 GDP 比例以及在三级教育投资中的比重（刘泽云，袁连生，2007；曹淑江，张晶，2009；Tandberg，2010；岳昌军，2011）、高等教育投资与经济增长关系（胡咏梅，唐一鹏，2014；Becker，1975；Baldwin & Borrelli，2008）、高等教育财政拨款模式（王善迈，周为，1991；孙志军，金平，2003；张红峰，谢安邦，2008；王善迈，2012；王建慧，沈红，2014；Chowdry et al.，2012）、高等教育成本分担机制与学生资助政策（丁小浩，1996；袁连生，崔邦淼，2004；Johnstone，2004；范先佐，2010；沈红，赵永辉，2014；Carpentier，2012；Chapman & Sinning，2014）、高等教育投资风险与收益（Han & Zhu，2009；Hanushek et al.，2011）、高等教育规模经济和范围经济（Cohn et al.，1989；丁小浩，2000；成刚，孙志军，2008；陈晓宇，董子静，2011；Johnes et al.，2008；Hou et al.，2009；Li & Chen，2013）、高校经费利用效率（Wang & Fu，2009；栗玉香，2010；Hillman et al.，2014）、高等教育筹资模式与经费管理制度（Kallison & Cohen，2010；Maria & Bleotu，2014；Nagy et al.，2014）等方面。

20 世纪 80 年代以来，虽然全球高等教育的投入呈现明显的多元化趋势，但政府的经费投入仍承担着主体作用。政府财政拨款的规模（即政府财政投资规模）和模式直接影响着高等教育的发展程度，其中，拨款模式的改革还影响着高等学校的办学效率。因此，高等教育财政投资规模及其占 GDP 的比例、拨款模式等研究一直是高等教育财政研究的主要领域。相较于国外学者，国内学者关于高等教育财政配置结构的研究较少（毕雪阳，2008；胡耀宗，2011）。

1. 高等教育财政投资规模、比例

唐一鹏，胡咏梅（2015）在研究中发现，一般来说，高等教育财政投资规模与经济发展呈正相关：在经济起飞阶段，政府高等教育的拨款规模增长速度要快一些；在经济处于低迷阶段，高等教育的拨款规模增长速度则缓慢下来，有时甚至出现负增长；在经济高速增长时期，随着高等教育需求的增长，政府会加大对高等教育的投入。美国、英国、日本、澳大利亚的高等教育财政投入都具有这一特征。

国内关于公共教育投资比例的研究较多（岳昌君，丁小浩，2003；刘泽云，袁连生，2007；OECD，2001；邱雅，2008），也有学者（厉以宁，1988；岳昌君，2011）就公共高等教育投资比例的问题开展研究。高等教育公共财政投资的比例关系到高等教育的健康可持续发展，因而其研究价值更大。事实上，尽管高等教育公共投入规模不断扩大，面对1999年以后迅速扩大的高校学生规模，生均财政性经费却在逐年下降，尤其是地方高校生均财政性经费下降过快（孙志军，2009）。岳昌君（2011）从供给和需求两个方面，使用统计和计量回归的方法，将我国高等教育经费投入的现状与国外进行了比较，并对我国中长期高等教育经费的供给能力和潜在需求进行了预测。其研究发现，我国财政性高等教育经费投入既没有达到经济发展水平所应有的供给水准，也没有满足高等教育发展所必需的基本要求。此外，公共高等教育投资比例在2000—2007年出现上下波动现象。这项研究在预测方法上很有借鉴价值，只是计量模型中的样本数据时段是2000—2007年，而2008年以后不少国家尤其是发达国家的经济发展速度处于放缓或下降阶段，我国经济增速也从2010年开始放缓，进入中高速增长阶段。张文等（2021）基于数据包络分析（data envelopment analysis，DEA）模型对我国不同区域高等教育公共投资绩效的测度分析，我国高等教育公共投资在经费规模上存在较大区域差异，即东部最高、中部其次、西部最低，且在绩效水平上也存在显著区域差异。

2. 高等教育财政拨款模式

上海教育科学研究院课题组（2010）将目前已有的政府高等教育财政拨款方式归纳为4种类型。①增量拨款。增量拨款是一种"基数+发展"的方式。不少国家在20世纪七八十年代采用了这一拨款方式，正好顺应了这一时期高等教育由精英教育向大众化教育发展的趋势，从而满足了政府和高校对于拨款增长的需求。但目前许多国家已不再采用增量拨款方式，因为它与公平原则、效率原则相违背。②公式拨款。用公式拨款代替增量拨款是20世纪工业化国家高教拨款体制的一项重大变革。公式拨款是政府按照总的生均成本拨款，对构成生均成本的不同因素赋予不同的权重。如德国、荷兰、丹麦、挪威等国在20世纪80年代以后实施了将学习时间、专业类型、层次等作为生均成本权重因素的公式拨款模式。我国1986年开始实施的生均综合定额拨款也属于这一类型。③合同拨款。合同拨款是20世纪70年代以来形成的大学科研经费拨款模式，政府拨款机构通常采用招投标方式分配科研经费，以保证财政拨款的最优配置和高效使用。法国、丹麦、荷兰等国家为了有效配置有限的科研经费就采用了这一拨款方式。④学费拨款。这是一种政府直接资助学生接受高等教育的拨款。它既可以拨给学校，也可以直接给学生；既可以是全额拨款，也可以是部分拨款、差额拨款。实施全额拨款的国家主要是欧洲一些福利国家，如德国、法国、西班牙、芬兰等。20世纪80年代以来，许多国家开始实施奖学金和贷学金部分拨款，如澳大利亚、英国、新加坡等，政府用无息、低息等方式资助学生，有助于效率和公平目标的实现。

有学者对美国、英国、德国、澳大利亚、匈牙利的高等教育财政拨款构成进行研究。美国是国家与地方共同分担的多样化拨款模式。1787年，美国联邦宪法规定，军事、外交是联邦专有权，教育和治安是州专有权，征税是联邦与州共有的权利。可见，州政府在教育经费的筹措、管理和使用上具有直接的职责和权限，而联邦政府的投入仅仅是一种辅助。美国政府这一分权管理的制度以及各级政府明晰的责任边界，使美国高等教育的拨款模式呈现出多样化的特点（方芳，2015b）。总体来说，美国高校专项经费拨款模式主要有3种类型：①增量拨款。首先，政府在全面评估各州高等教育发展现状的基础上，还需结合地方自身的财政能力，其次，根据各高校在学科发展、科研建设等方面的实际需求，制定出政府财政拨款的增长系数，最后，依此增长系数作为标准，进一步确定下个年度各高校专项经费拨款的具体额度。②合同拨款。该模式中，政府主要采用招投标方式，针对高校进行科研经费和专项经费的财政拨款。这一模式，要求在合同中明确指出经费的支出结构和使用方式，以及预期应完成的目标等条款，以保证专项经费使用的效率和效益。合同拨款也是对高校公式拨款的一种补充。③绩效拨款。首先，需要召集相关利益主体（如政府、高校、学者等）确立高校科研绩效的各项指标及相应权重，其次，分别对各高校科研实施现状和建设成果进行绩效评估，最后，政府依据评估结果对各高校进行科研绩效拨款（李振东，2013）。绩效拨款以学校业绩作为主要考量标准，根据高校在教学、科研、社会服务等方面业绩进行相应经费的分配。通过绩效考核给予相应的拨款，既体现了公平，又能够有效促进高校各项事业的自主发展。实践中往往结合公式拨款和绩效拨款两种模式，即在公式中加入绩效，在绩效评价中运用公式，不断提升评价的科学实效性（苏兆斌，蔡璇，2020）。

英国采用的是利用第三方机构高等教育基金委员会实施分类拨款的模式。在世界各国财政拨款体系中，英国的高校财政拨款模式非常具有特色。各级政府并不直接对高校实施拨款行为，而是采用基金管理制度，通过成立中介机构来行使对高校的财政拨款，其主要目的在于削弱政府和高校间的利益博弈，充分发挥社会中介机构在评价、实施和监督等方面的职能，以期在政府和高校间寻求一种平衡（方芳，2015b）。中介机构的另一个重要职能体现在问责机制上，即通过对高校进行教学与科研经费的分配，促使其在支出结构和产出效率上均需依据规定来进行管理和使用。英国这一中介机构名为高等教育基金委员会（Higher Education Funding Council for England，HEFCE），主要基于卓越研究框架（Research Excellence Framework，REF）来评价英国各高等教育机构的科研质量，并依据该评价结果进行拨款。通过第三方划拨专项经费的形式在很大程度上削弱了政府行政主导的作用，公平、公正、公开成为这一划拨专项经费方式的主要特色。目前，英国高校财政拨款主要采用"教学拨款+科研拨款"的模式。针对科研方面的专项经费拨款主要采用两种方式：①经常性拨款，以科研质量评估结果、科研发展需求导向及科研合同附加等方式为拨款依据，分别对应不同类型科研经常性拨款，拨款主体为高等教育基金会；②项目拨款，主要表现为科研项目拨款，以及向各高校提供科研设施条件或向国际研究机构缴纳有关会费等形式的变相拨款，由公共科学与服务部负责，拨款主体为研究基金会（刘琳，钟云华，2010）。

德国是"中央+地方"的二元拨款模式。德国高等教育专项经费拨款模式可概括为：以地方政府为主，以联邦政府为辅，即由州政府为高等教育提供基本资助，联邦政府仅提供补充性的资助。联邦政府的高校科研专项经费拨款主要有 3 种形式：由德国研究协会（German Research Foundation，DFG）对高校进行科研拨款、由联邦政府各部委直接向高校进行科研拨款，以及联邦政府为委托科研项目（Commissioned Research）提供全额资助。州政府的高校科研专项经费拨款由 DFG 进行拨款（占该协会经费总额的 40%），以扶持德国高校的科研工作。德国联邦政府实施了 3 项重大行动计划：①自 2005 年开始实施的卓越大学计划（Excellence Initiative）；②自 2007 年开始制定并实施的高等教育协定（Higher Education Pact），以确保经费投入跟得上学生数增长的步伐；③1970 年由联邦议会通过的《高等教育建设法》（Higher Education Construction Act）中规定，高校扩张过程中的基建费用由联邦政府和州政府各承担一半，以确保高等学校基本建设的充足（Benneworth，2011）。此外，德国联邦政府、州政府也采取了一系列改革举措以确保科研经费的稳步增长，如增加联邦政府与州政府的高校科研预算，各州政府增加对高校教学和科研的经常性经费的投入。为提高财政拨款的使用效率，德国联邦政府在拨款机制上进行了改革，主要举措包括：允许本年度的结余资金转到下一个年度使用；赋予高校一定的经费自主权，依据产出多少进行拨款，参照多个参数进行公示拨款（依据固定公式、参考某些重要参数来决定拨款额度的方法），加强人才培养和科研工作的成本核算和绩效考核（赵凌，2014；王立刚，2021）。

日本是差异化政策与内外评估相结合的拨款模式。日本高等教育实行的是政府主导、中央与地方两级管理的模式。在财政主体方面，日本中央政府、都道府县和市各级政府共同分担高等教育的财政拨款责任。日本现行的对高校的专项拨款模式主要包括：①差异化政策的专项拨款。针对国立高校和私立高校进行区别化拨款，国立高校会得到政府的科研经费，私立高校则只能获得少许教育事业费和设施设备等方面的补助，且数额较小，几乎很难获得公平争取科研专项经费的机会。②以内外评估结果为依据的核拨方式。日本高校有完善的评估机制，包括高校自我评估和社会中介组织基于高校自我评估基础上对其进行的再评估，以便对学校开展全面评价。日本高等教育将市场机制充分引入专项经费拨款，实施了根据科研业绩评估进行差额配置的绩效拨款模式，较之传统的专项拨款模式具有明显优势，不仅有利于社会及高校间的信息及时共享，还能促进社会资源合理、高效的配置（李振东，2013；方芳，2015b）。

澳大利亚高等教育财政拨款主要来自联邦政府，州政府负责对州内高等教育的立法管理及对大学的少量拨款。联邦政府对大学的财政拨款主要通过下属的教育、科学与训练部来执行，该部设有专门的高等教育拨款部门，负责对大学的教学科研、学生援助等进行拨款。自 1994 年起，联邦政府将原先的经常性拨款和基建拨款合并，称作"一揽子拨款"，主要包括教学拨款、科研拨款和学生资助计划拨款 3 个方面（朱昌发，2004；高耀，方鹏，2008）。

匈牙利高等教育财政拨款自 2000 年起采用"公式拨款"模式，将学生人数作为参数，并折合一定的淘汰比例。政府根据一些院校的要求，调高了医学、农业等学科门类的定额标准，以保护这些传统优势学科。随后，匈牙利政府对定额标准进行了数次调整，不断增加定额种类和变量，以顺应高校提出的要求。在实际操作中，不是按照严格意义上的公式计算拨款额度，而是由政府和院校协商谈判来确定资助金额。2011 年底，匈牙利通过了新的高等教育法。在随后颁布的政府令指导下，国家取消了公立大学免学费制度，实行缴费上大学；将财政拨款方式改为以国家奖学金名义资助学生，并且大量减少经济、法律等学科的政府资助名额，重点资助科技、互联网技术和自然科学等"对国家战略具有重大意义的学科"（许衍艺，2014，2020）。

国内学者对于我国高等教育财政拨款模式的研究也不少（王善迈，周为，1991；陶春梅，孙志军，2007；张红峰，谢安邦，2008；孙志军，金平，2009；王善迈，2012）。王善迈（2012）的研究发现，2002 年开始实施的"基本支出预算和项目支出预算"的拨款模式与 1986—2002 年实施的"综合定额加专项补助"模式没有发生根本性变化，仍采用了"生均综合定额加专项补助"拨款。这种拨款模式存在以下问题：缺乏科学、精确的高校成本核算方法，生均定额标准的确定经常与高校实际成本的需求不一致；考虑因素单一，未考虑不同专业学生培养成本的差异，未考虑学校不同职能活动运行的成本差异；缺乏有效增长机制，使得定额标准经常与高校实际支出需求和财政能力变化不一致。而且这种拨款方式，随着中央及地方财政收入的增加，新增经费越来越多地通过项目的方式进行分配（邓娅，2002）。马嘉丽（2020）在研究中指出，高等教育绩效拨款更像添加的一种问责机制，因为高校的性质使得大部分高校资金主要来自政府拨款，所以研究如何通过改善拨款制度进而提高高校教育资源使用效率是必要的。过去的高校评价多是根据现有高校的规模存量来衡量，并且只关注投入或产出单方面，使得很多高校的评价始终与学校层次相呼应，实力强的学校即使依靠以往考评中的积累也能获得优势资源；高校绩效评价则关注投入产出比，是导向型拨款，即根据学校的资金使用效率来决定拨款程度，避免了实力强的学校获得投入较多却不重视资金使用效率的情况。绩效评价相较之前的绝对存量评价是改进和发展的必然，绩效拨款的宗旨是将财政拨款拨至经费使用效率高的地方，进而促进高校将发展重点转向内涵建设和质量提升。

3. 高等教育财政投资的配置结构

高等教育财政投资的配置结构可以分为外部配置结构和内部配置结构。外部配置结构是指政府高等教育财政投资在不同区域高校、不同类属高校（中央直属高校和地方所属高校）、不同类型高校（普通高等院校和高等职业院校）间的财政投资比例（包括总量比例和生均经费比例）。内部配置结构是指高等教育财政投资在高校内部的支出结构比例。外部配置结构需要更多关注均衡问题，内部配置结构则需要更多关注合理性问题。高等学校内部经费配置结构比例的安排和确定，决定了学校教育投资利用效率和资源配置效率。对一所高校而言，在教育投资总量一定的条件下，高校内部的财政投入配置结构直接影响着高校事业的发展与高校功能的发挥。

高等教育财政投资外部配置不均衡问题主要体现在不同类属高校之间、不同省域间的高等教育投资配置不均衡。胡耀宗（2011）对不同类属高校之间、不同省域间的高等教育财政投资配置结构进行了实证分析。研究发现，中央直属高校和地方高校生均支出和预算内生均支出出现分化，两者之间的差距呈扩大之势，财政性教育经费投入倾向中央直属高校，地方高校主要依靠学费收入和银行贷款维持运行。这与孙志军（2009）的研究结论基本一致。胡耀宗认为，中央高等教育财政在省域间非均衡配置，中央财政主要投向中央直属院校和竞争性项目。按东部、中部、西部地区划分的政府公共财政投入的比例为

1.84∶1∶1.29，呈现出"东高、西低、中塌陷"的财政投入格局，生均社会投入比值为 2.23∶1∶0.68。中央划转到地方的高校公共财政投入出现分化，一些省域的划转院校公共财政拨款持续下降（胡耀宗，2011）。不仅不同类属高校间、不同省域间高等教育财政资源配置不均衡，而且普通本科院校与高职院校的生均拨款差异也较大。

此外，有研究发现，我国高等教育财政投资内部配置结构不合理表现在 3 个方面：①教育事业支出结构趋势不合理，公务业务费比重、人员经费比重均处于下降趋势（毕雪阳，2008；李文利，2008）；②生均综合定额拨款与项目支出预算拨款比例不合理，专项设立项目多而杂，占拨款的比重过大，项目支出预算拨款没能更好地促进大学职能发挥；③尽管高校目前在"项目支出预算"中有"中央高校基本科研业务费"，但所占比重小，且在高校内部分配时仍属于竞争性科研经费，高校教师基本科研活动经费无保障（周程，2013）。

近年来，有学者考察 1992—2016 年高等教育投入数据后发现，我国高等教育投入结构的演进贯穿着高等教育成本分担的理论逻辑。高等教育投入结构先后经历了"I 型演进"①与"复合演进"②，前者促进了高等教育筹资，后者保障了高等教育公平与规模增长，并形成了以能力大小为成本分担的主要原则、制定适度的个人分担比例、高等教育投入结构应与经济社会发展联动等基本经验。该研究建议，在高等教育普及化初期，应汲取历史经验，化解社会投入短缺的历史痼疾，并根据新的能力结构与受益结构调整高等教育投入结构。基于此，普及化初期高等教育投入结构的优化方向为：提升财政投入比例，增加社会投入比例，降低个人投入比例，相应措施包括加强高等教育财政能力建设、完善社会投入机制以及对高校收费制度进行结构化改革等。（季俊杰，2020）

---

① 当高等教育投入结构偏离均衡结构时，这种非均衡结构具有向均衡结构演进的潜在动力，这类演进可称为"I 型演进"。

② 当高等教育的支付能力或受益状况发生变化时，旧的投入均衡结构被打破，并向新的均衡结构演进，这类演进可称为"II 型演进"；兼顾两种动因的演进，可称为"复合演进"。

（二）已有研究的述评

世界范围的高等教育规模扩大与政府财政投资能力下降的矛盾日益突出，自 20 世纪 70 年代，美国经济学家 D. B. 约翰斯通（D. Bruce Johnstone）基于高等教育的准公共品属性提出的高等教育成本分担机制，使高等教育的投入呈现明显的多元化趋势，但政府的财政投入仍承担着主体性作用。政府对高等教育财政投资规模、拨款模式等一直是国内外学者在高等教育领域关注的重点，这些研究成果为我国开展经济新常态下政府财政和社会资本投资高等教育研究奠定了理论和方法论的基础，也为政策制定者在新的经济、社会及教育发展背景下调整和出台新的高等教育财政政策提供了参考依据。

综观国内外关于高等教育投资的相关研究，仍存在一些不足，有待完善。

第一，从研究内容来看，已有研究主要关注政府财政投入的规模、比例，拨款模式和资源配置结构等维度，对于如何吸引社会资本进入高等教育领域则关注较少。少数相关研究多局限于教育基金会在高校经费筹措中的作用、社会捐赠及其激励机制等内容。对于高等教育投资来说，当社会资本已不仅仅是政府财政的有效补充，更是高校经费收入中极为重要的组成部分时，对社会资本进入高等教育领域的相关研究就应该更加深入和透彻。

第二，从研究方法来看，已有研究中的实证分析，大多局限于统计描述分析或其他学科研究方法的简单移植，对高等教育本身的特殊性及方法的适切性未进行深入探究，研究成果的信度、效度有待加强。本书将从以下 3 个方面围绕高等教育经费投入及其相关问题展开实证研究：一是从投入总量和结构，以及生均投入的视角分析我国高等教育经费投入的现状及其变化；二是建立计量模型，利用我国高等教育经费投入（包括政府投入和非政府投入）的省级数据，探索分析经费投入对地区高等教育规模的影响；三是基于省级面板数据建立计量模型，估计普通高校经费收入结构对其生均经费的影响。

四、本书的研究思路和研究方法

（一）本书的研究思路

本书以相关理论作为指导，从我国高等教育经费投入和使用的实际情况出发，采用规范与实证分析相结合的方法，分析国内外政府财政和社会资本投资高等教育的现状，探讨新常态下完善我国高等教育经费投入机制的方向和思路。

第一，多维度、多层面地对高等教育经费收入及影响因素进行科学评价。力图回答以下问题：当前国内外高等教育经费收入和支出情况如何？从动态变化趋势来看，各部分内部是否存在一致的提高趋势？各国社会经济背景、企业行业发展对国内外高等教育投入的影响如何？造成差异的内在逻辑还包括哪些因素？该部分的研究结果为本书提供关键的数据和结论支撑。

第二，对政府财政和社会资本进入高等教育领域的适切性和可行性进行理论探讨。力图回答以下问题：在当前经济发展速度放缓的新常态阶段，财政大幅增加教育经费的可能性很小。从公共产品、成本分担、利益相关者等理论出发，如何合理界定政府对教育的财政支出责任、科学论证社会资本进入教育领域的必要性，为研究各级政府和社会资本保障教育经费投入机制提供理论框架和理论依据？

第三，从政府层面和社会层面设计完善高等教育投入保障的制度框架。力图回答以下问题：着眼各级政府在高等教育财政负担上的差异，以及社会资本进入高等教育领域的障碍和动因分析，在借鉴国外拓展高等教育经费典型模式的基础上，如何结合我国新常态模式的经济特征合理推进和有效激励两类资本投资到高等教育领域？

本书研究框架如图1-1所示。

（二）本书的研究方法

根据研究的目的和内容，本书以实证研究和比较研究为主，以规范研究和文献分析为辅。

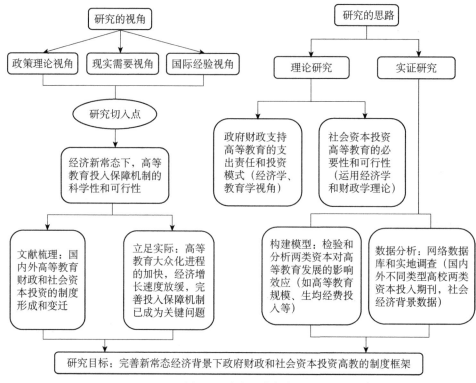

图 1-1 本书研究框架

1. 理论分析法

理论分析法主要是指运用现代科学理论进行实际问题分析的方法。在不同的研究领域有着不同的理念范式和方法。我们运用现代西方经济学理论研究实际宏观和微观经济现象。每一种理论都有自身独特的思考方式，如理论假设、理论判断、理论推理等。在众多分析方法中，理论分析法是一种重要的分析论证方法。运用经济学、管理学和教育学等相关理论，研究政府财政支出责任，社会资本投资高等教育的必要性和可行性，为本书研究提供理论依据。

2. 实地调研法

通过对全国各地区高等学校经费收入的来源渠道（即获得政府财政支持和社会资本投资的情况）进行实地观察和系统调查，深入研究各地区各类型高校的经费来源结构及其成因，以及我国部分地区政府财政支持和社会资本投资高等教育制度的形成和变迁。

3. 国际比较法

选择若干个在高等教育融资方面具有鲜明特色的国家，如 OECD 成员国、俄罗斯等，梳理各国政府财政和社会资本投资高等教育的经验和模式。

4. 统计和计量分析法

分析国内外高等教育经费来源的结构及其时间变化趋势，通过回归模型分析经济社会发展、行业发展等因素对两类资本投入高等教育差异的影响等。

第二章

高等教育投入体制的
理论分析

我国高等教育事业的快速发展与变革需要充足的经费作为支撑，但在经济总体增速趋缓的大背景下，财政大幅投入教育经费的空间有限。因此，在经济新常态背景下，政府对与高等教育事业发展相匹配的高等教育投资规模的保障力度、如何在高等教育系统优化财政资源配置以及如何拓宽社会资本投资高等教育的渠道，是关涉我国高等教育发展改革能否顺利推进的重要问题。美国学者伯顿·克拉克在《高等教育系统：学术组织的跨国研究》中建构了高等教育发展的政府、市场和学术权威"三角协调模式"（triangle cooperative mode）。他认为，高等教育发展主要受政府、市场和学术权威三支力量的影响。"三角协调模式"中的政府、市场、高校（即学术权威）三支力量的大小，虽然在我国不同时期是此消彼长、相互制衡的关系，但在总体上保持动态平衡。在计划经济时代，政府力量发挥主体作用，市场力量则微乎其微，而高校基本上处于被动状态；进入市场经济时代，高等教育利益主体呈现多元化趋势，市场逐步介入资源配置领域且力量日益强大，同时随着办学自主权的扩大和学生消费主体的确立，高校在资源配置中争得了一席之地。本章将从高等教育投资的理论基础、政府财政投资高等教育的实践依据和社会资本投资高等教育的实践依据 3 个方面展开。

第一节　高等教育投入的理论基础

高等教育投入作为一种制度安排，包含多种制度要素，同时也有多种理论作为支撑。这些理论从各自的视角出发，分别对政府财政及社会资本进入高等教育领域的必要性及可行性进行了阐释，构建了不同的理论范式。

一、公共产品理论

由美国经济学家萨姆尔森（Paul A. Samuelsson）和马斯雷格夫（Richard A. Musgrave）创立的公共产品理论，为国家财政支出及社会资本进入高等教育领域提供了理论依据。该理论按照产品消费上的竞争性及收益上的排他性的不同特点，将产品分为公共产品、准公共产品及私人产品 3 种类型。根据公共经济学中给出的定义，公共产品是由政府向全民提供、为全社会共同享有而不能为任何成员单独享有的产品或服务；私人产品是指那些具有效用上的可分割性、消费上的竞争性和受益上的排他性的产品。就高等教育而言，一方面，个体可以通过接受高等教育提高自身知识文化修养和劳动技能，从而谋取更好的工作和更高的社会地位；另一方面，高等教育具有较强的正外部性，其收益并不完全由其接受者独享，而是被其他人乃至整个社会分享，接受高等教育的人越多，带给全社会的利益就越广泛。因此，高等教育既不是纯粹意义上的私人产品，也不是纯粹意义上的公共产品，从严格意义上说，它是介于一种私人产品和公共产品之间的、具有正外部效应的准公共产品。高等教育的产品性质决定了高等教育成本应由政府、社会和个人共同承担，政府和社会应为高等教育的发展提供资金支持。

二、成本分担理论

1986 年，美国经济学家约翰斯通提出"高等教育成本分担理论"。该理论认为，高等教育的成本应当由在教育中获得益处的各主体分担。21 世纪初，社会对高等教育的需求强烈，但政府又被其他的、似乎比高等教育更紧迫的公共需求包围。因此，大多数国家的高等教育系统经费日益紧缺，也就使其更加借重非政府投入。企业资金和家庭资本是重要的非政府投入：企业通过高等教育培养的人才实现优化管理、技术创新；家庭通过让子女接受高等教育，获得更高的经济收入，实现社会阶层的合理流动。按照"谁受益谁付费"原则，高等教育不仅需要政府财政投入，企业和家庭作为高等教育的受益者，也应当成为高等教育成本分担的重要主体。

三、人力资本理论

20 世纪 60 年代，以舒尔茨（Thodore W. Schults）为代表的学者提出人力资本理论。该理论认为，一国的人力资本存量越大，人口受教育程度、科技文化水平和生产能力越高，其国内的人均产出或劳动生产率就越高。人们开始认识到人力资本是推动经济增长的重要因素，教育投资是提高劳动力质量的有效途径。舒尔茨（2017）认为，"人的知识、能力、健康等人力资本的提高对经济增长的贡献远比物质、劳动力数量的增加重要得多"。高等教育阶段是创造和应用科学技术的重要阶段，高等教育作为一种重要的人力资本投资，具有明显的经济效益。从人力资本理论的角度分析，高等教育的经济效益主要表现在两个方面。

第一，改善人力资本，增强经济发展潜力。高等教育对各国生产力的推动首先表现在对人力资本上的改善。所谓人力资本，是指体现在人身上的技能和生产知识的存量。在一定社会范围内，人力资本的存量在很大程度上决定了社会经济增长的潜力。投资高等教育可以使个人获得更多的知识和技能，从而促进整个国家人力资本存量的增加，推动经济发展。

第二，完善投资结构，推动国民经济增长。随着人力资本理论的兴起，人们逐渐意识到，传统的依靠物力投资推动经济发展的模式已经不能适应当前科技的发展和社会的进步，人力资本才是未来经济增长的主导因素。高等教育是人力资本积累的重要途径，政府应当从根本上保障高等教育的持续、稳定发展。当前，我国高等教育办学经费对政府投入依赖过强，应利用充裕的社会资源，实现高等教育经费融资渠道多样化。因此，近年来，我国相继出台了《国家中长期教育改革和发展规划纲要（2010—2020 年）》《国务院关于鼓励和引导民间投资健康发展的若干意见》《关于在公共服务领域推广政府和社会资本合作模式的指导意见》，以及新修正的《中华人民共和国民办教育促进法》（以下简称《民办教育促进法》）等系列文件，为社会资本进入高等教育领域提供了政策依据。

四、政府、市场和高校在高等教育投资中的作用

综合以上的相关理论阐述，不难发现，"三角协调模式"中的政府、市场和高校自身在高等教育投资中都发挥着至关重要的作用。

（一）政府的作用

所谓政府的作用，即由政府对高等教育管理体制、区域布局、发展规模等做出强制性安排，同时承担全部或主要的投资责任。从新中国成立至 20 世纪80 年代，与我国的计划经济体制相适应，政府是教育资源配置的唯一主体，既是高等教育的举办者，也是教育产品的消费者。高等学校的类型、层次、结构乃至招生、就业等均由政府计划调控。这种高度集权的管理体制，是造成高等教育资源存量不足、增量无力，且使用效益低下的根本原因。随着我国社会主义市场经济体制的建立和完善，高等教育投资主体日趋多元化，使得政府计划力量削减。政府投入的有限性和高校对资源需求的无限性，推动了政府在高等教育体统中的角色"由以往的主导管控向引导监督转变，由以往对高等教育系统的支持转变为对消费者的支持"（彭湃，2006）。于是，政府不断扩大高校办学自主权，引导高校提高核心竞争力，鼓励家长进行自主选择，把高等教育资源配置的部分权力逐步交给市场这只"看不见的手"。

（二）市场的作用

20 世纪 80 年代以来，伴随着世界经济一体化，市场力量逐渐介入高等教育领域，成为资源配置的重要力量。在市场化大潮下，我国高校开展学术研究越来越依靠社会经济组织的项目经费支持，社会需求为高校科学研究提供了广阔的卖方市场和丰富的资金来源。因此，那些社会急需、在市场中具有较强竞争力、能产生直接经济效益的学科更受人们的青睐，而那些基础专业和学科却受到冷落。鉴于市场本身固有的自发性、盲目性、趋利性，政府始终没有把高等教育完全交给市场，而是在计划调控的同时，发挥市场在一定范围内的调节作用。正如谢安邦和刘莉莉（2001）的研究中所指出的，"大学市场化是大学

组织活动中非教育活动的市场化，诸如投资体制的市场化、招生就业的市场化、科技转移和成果转化的市场化以及入学管理的市场化，而并非大学教育活动的商业化或市场化"。诚然，政府的过度干预不利于高等教育的发展，但如果把高等教育全部交给市场来运作同样也是有害的。计划和市场都是资源配置的手段，但各有难以克服的缺陷。在两难的选择中，有学者提出了政府和市场混合配置的方式。本书认为，他们忽略了高校的力量，作为政府力量的执行者、教育资源的消费者以及市场力量的承受者，高校不应在资源配置中保持沉默，而应在被动适应的同时，积极主动地寻求超越。

（三）高校的作用

高等教育大众化背景下，随着教育规模的扩张和教育需求的同步增长，教育成本分担制度呼之即出，学费收入成为我国高校办学经费的重要来源。这引发了高校与学生关系的变化：高校是教育服务的提供者，学生是教育服务的消费者。学生作为教育服务的消费主体，通过选择学校、选择专业、选修课程，影响着一些学科、专业的扩张或收缩，在一定程度上决定着优质教育资源的流向和流量。可以说，大学自治、学术自由以及学生自主使得高校在教育资源优化配置中成为不可忽视的第三支力量。要言之，在市场经济条件下，高等教育资源的优化配置是政府调控、市场调节、高校自主三支力量相互制衡、相互博弈的结果，三支力量之间此消彼长，彼此互动，有机联系。这种有机联系整合为一种系统合力，推动着高等教育资源政府、市场、高校"三位一体"模式的生成，从而超越了高等教育资源配置的政府——市场二元模式。

第二节　政府财政投资高等教育的实践依据

政府财政资助的有无和多少取决于政府财政能力的大小，因为政府的财政规模直接影响了教育财政总量供给的规模。通常情况下，各级政府存在着财政预算的约束，因此财政能力强的地区自然更有可能拥有多余的财力为高等教育发展提供支持。自 1999 年高等教育扩招以来，我国高等教育入学率不断增长，在学人数不断增加。《2019 年全国教育事业发展统计公报》中的数据显示，全国各类高等教育在学总规模 4002 万人，高等教育毛入学率为 51.6%。全国共有普通高等学校 2688 所（含独立学院 257 所），比上年增加 25 所，增长 0.94%。其中，本科院校 1265 所，比上年增加 20 所；高职（专科）院校 1423 所，比上年增加 5 所。全国共有成人高等学校 268 所，比上年减少 9 所；研究生培养机构 828 个，其中，普通高等学校 593 个，科研机构 235 个。普通高等学校校均规模 11 260 人，其中，本科院校 15 179 人，高职（专科）院校 7776 人。[①]高等教育规模如此巨大，其赖以发展运行的资金数额也巨大。相较于教育领域来说，政府财政往往倾向优先支持国防、经济建设等领域，对高等教育的支出则更为有限。根据《中国教育经费统计年鉴 2016》和 OECD 官网相关统计数据，2015 年，我国高等教育生均教育经费（全日制学生）达到 3967 美元，远低于 OECD 成员国平均水平的 13 343 美元（秦东升等，2019），这表明我国高等教育经费投入严重不足，迫切需要加强政府财政对高等教育的经费支持，拓宽高等教育经费来源渠道，引导社会资本进入高等教育领域，缩小与 OECD 成员国在高等教育投入上的差距。

近年来，我国经济运行总体平稳，经济秩序好转，经济效益保持较高水平。根据国家统计局公布的数据显示，2018 年，我国财政收入已经超过 18 万亿元，税收收入所占比重高达 85.30%，可见，税收收入为国家财政收入的增加和各项事业发展提供了强有力的财力保障。在财政收入的来源项目中，中央政府和地方政府的贡献率相当；在税收收入方面，中央政府的比例略高于地方政府，在非税收入方面，地方政府的贡献率非常高（表 2-1）。

表 2-1　2018 年中央和地方主要收入项目

项目	国家财政收入/亿元	中央/亿元	中央占比/%	地方/亿元	地方占比/%
税收收入	156 402.86	80 448.07	51.44	75 954.79	48.56
非税收入	26 956.98	5 008.39	18.58	21 948.59	81.42
合计	183 359.84	85 456.46	46.61	97 903.38	53.39

资料来源：根据国家统计局《中国统计年鉴 2019》"财政"项统计数据整理而得。

---

① 2019 年全国教育事业发展统计公报. http://www.moe.gov.cn/jyb_sjzl/sjzl_fztjgb/202005/t20200520_456751.html.（2020-05-20）[2020-12-30].

2014—2019 年，我国财政收入由 14 万亿元增长到 19 万亿元，而且维持着正速率逐年增长。对于中央和地方政府来说，财政收入所占比例差异不明显，但中央政府所占比重总体持平，略有上升，地方政府反之；从绝对值的增长来看，历年中央和地方政府的财政收入都在稳步上升（表 2-2）。

表 2-2　2014—2019 年中央和地方财政收入及占比

年份	合计/亿元	比上年增加/%	中央/亿元	中央占比/%	地方/亿元	地方占比/%
2014	140 370.03	8.64	64 493.45	45.95	75 876.58	54.05
2015	152 269.23	8.48	69 267.19	45.49	83 002.04	54.51
2016	159 604.97	4.82	72 365.62	45.34	87 239.35	54.66
2017	172 592.77	8.14	81 123.36	47.00	91 469.41	53.00
2018	183 359.84	6.24	85 456.46	46.61	97 903.38	53.39
2019	190 382.23	3.83	89 305.41	46.91	101 076.82	53.09

资料来源：根据国家统计局《中国统计年鉴 2015》—《中国统计年鉴 2020》"财政"项统计数据整理而得。

2014—2019 年，我国财政支出的变化情况与财政收入的变化情况基本一致。财政支出额由近 15.18 万亿元增长到 23.89 万亿元，且维持着正速率逐年增长。与财政收入情况不同的是，对于中央和地方政府来说，从财政支出所占比例来看，地方政府所占比重要远远高出中央政府；从增长情况来看，中央和地方财政支出比重都保持在较为稳定的水平，但从绝对值来看，中央和地方财政支出都在持续上升（表 2-3）。

表 2-3　2014—2019 年中央和地方财政支出及占比

年份	合计/亿元	比上年增加/%	中央/亿元	中央占比/%	地方/亿元	地方占比/%
2014	151 785.56	8.25	22 570.07	14.87	129 215.49	85.13
2015	175 877.77	15.87	25 542.15	14.52	150 335.62	85.48
2016	187 755.21	6.75	27 403.85	14.60	160 351.36	85.40
2017	203 085.49	8.17	29 857.15	14.70	173 228.34	85.30
2018	220 904.13	8.77	32 707.81	14.81	188 196.32	85.19
2019	238 874.02	8.13	35 115.15	14.70	203 758.87	85.30

资料来源：根据国家统计局《中国统计年鉴 2015》—《中国统计年鉴 2020》"财政"项统计数据整理而得。

比较各年份中央和地方财政收入与支出的数据后，我们不难发现，中央政府财政支出均少于中央政府的财政收入，地方政府的财政支出均大于地方财政收入。究其原因，地方财政支出包括地方本级财政收入和上级转移支付两部分，即中央对各地区的财政补助特别是税收返还，是地方政府可支配财政收入的一个重要来源。因此，地方财政支出更能反映各地区可支配的预算内财政资源，也相对真实地反映了地方政府的财政能力。政府的财政能力是政府集中社会资源的一种体现，也是政府提供公共产品（准公共产品）的一种客观能力。本书在前面论述过，高等教育是属于正外部性的准公共产品或服务，因此，政府财政资助的力度自然在一定程度上受政府财政能力的影响。地方政府财政支出水平的逐年提升在很大程度上为政府财政支持高等学校发展提供了财力保障。

第三节　社会资本投资高等教育的实践依据

随着知识经济的到来，社会对高等教育的需求日益强烈。2019 年新生入校后，我国高等教育毛入学率已达到 51.6%，进入国际公认的"普及化"阶段。作为世界第一高等教育大国，充足的经费保障是提升我国高等教育综合实力和国际竞争力、建设高等教育强国的必要条件。根据《中国教育经费统计年鉴》和 OECD 的《教育概览》（*Education at a Glance*），2012 年以来，我国高等教育财政经费占高等教育总投入的比例一直在 60%左右，高于 OECD 成员国平均水平。尽管《国家中长期教育改革和发展规划纲要（2010—2020 年）》明确提出"三个优先"战略，即"经济社会发展规划优先安排教育发展""财政资金优先保障教育投入""公共资源优先满足教育和人力资源开发需要"，但不可否认的是，除了高等教育，政府还被其他似乎比高等教育更紧迫的公共需求所包围（如医疗、社会保障、国防等）。2014 年以来，中国经济逐步迈入高效率、低成本、可持续的中高速增长的新常态阶段，如果我国高等教育维持当前高度依赖政府财政拨款的成本分担机制，一方面会给政府带来极大的财政压力，另一方面也不利于高等教育的长远发展。在此背景下，越来越多的人意识到，高校除了继续谋求政府最大限度的经费支持之外，还应寻求其他渠道的经费来源，以满足日益增长的高等教育经费需求。

一、资料来源与概念界定

目前，尚无学者或机构对所有国家高等教育经费投入进行统一计算，故本书研究在分析时，参照国内已有研究，分别采用学界最常用的《中国教育经费统计年鉴》和《教育概览》数据对国内与国际高等教育经费投入进行计算。在计算过程中，根据经费来源，将高等教育经费划分为政府资本和社会资本。在《中国教育经费统计年鉴》中，政府资本主要指国家财政性教育经费，包括公共财政安排的教育经费和政府性基金预算安排的教育经费；社会资本包括民办学校中举办者投入、捐赠收入、事业收入（包括学费）、其他教育经费4个部分。在《教育概览》中，政府资本指高等教育公共支出（public expenditure on tertiary educational institutions）；社会资本指私人支出（private expenditure），包括私人家庭支出（household expenditure）和其他私人机构或个人的支出（expenditure of other private entities）。国内外高等教育经费统计口径、名称均存在一定的差异，在本书中，相关名词的对应关系如表2-4所示。

表 2-4　中外高等教育经费相关名词的界定

比较项	《中国教育经费统计年鉴》	《教育概览》
高等教育总投入	高等教育经费收入	高等教育机构支出
政府资本	国家财政性教育经费	高等教育公共支出
社会资本	除国家财政性教育经费之外的教育经费收入	私人支出

二、加快社会资本投资高等教育的必要性

作为我国教育体制改革重要组成部分，高等教育经费体制改革不可能脱离我国经济社会发展和教育事业发展的现实情况。与经济社会发展和教育改革的现实需求相比，当前，我国高等教育投入机制还不够完善，应立足以下3个方向进行改革。

（一）应适应我国高等学校办学自主权改革的需要

高等学校办学自主权指高等学校用人权、财权和教学科研方面的管理权，

充分的办学自主权是学校全面发展赖以形成的必备条件。新中国成立以来，经过长期探索和多方努力，我国高校自主权经历了从无到有、从政策认可到法律规定的发展历程：早在 20 世纪 80 年代中期，《中共中央关于教育体制改革的决定》便提出，要"改变政府对高等学校统得过多的管理体制，在国家统一的教育方针和计划的指导下，扩大高等学校的办学自主权"。90 年代末，"依法治教，全面落实高等学校的办学自主权"被正式写入《教育部关于实施〈中华人民共和国高等教育法〉若干问题的意见》。近些年来，国家先后在《国家中长期教育改革和发展规划纲要（2010—2020 年）》《国家教育事业发展"十三五"规划》《关于扩大高校和科研院所科研相关自主权的若干意见》等重要文件中提及"落实和扩大学校办学自主权""推动扩大高校和科研院所科研领域自主权"，并就"如何扩大高校自主权"问题出台了《关于进一步落实和扩大高校办学自主权完善高校内部治理结构的若干意见》《教育部等五部门关于深化高等教育领域简政放权放管结合优化服务改革的若干意见》等多项文件。高度的高校自主权的实现，需要有充足的经费投入作为支撑和保障。

由图 2-1 可知，相比于 2012 年，绝大多数 OECD 成员国，如英国、挪威、奥地利、捷克、西班牙、澳大利亚、日本等，2017 年社会资本占高等教育总投入的比例都有上升趋势，其中，英国的该项比例增速最快，增长了 64.7%。

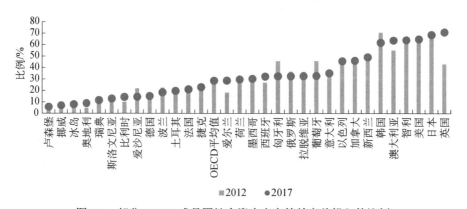

图 2-1　部分 OECD 成员国社会资本占高等教育总投入的比例

资料来源：2012 年资料：https://www.oecd-ilibrary.org/education/education-at-a-glance-2015/relative-proportions-of-public-and-private-expenditure-on-educational-institutions-by-level-of-education-2012_eag-2015-table139-en.；2017 年资料：https://www.oecd-ilibrary.org/education/relative-share-of-public-private-and-international-expenditure-on-educational-institutions-by-final-source-of-funds-2017_9d8ca612-en.

中国高等教育的投入情况如图 2-2 所示，2012 年以来，社会资本投入占我国高等教育总投入的比例呈现下降趋势，即由 2012 年的 39.95%下降至 2018年的 32.18%。

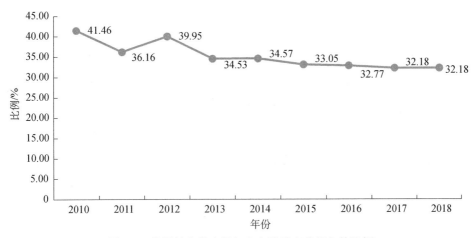

图 2-2　我国社会资本投入占高等教育总投入的比例

资料来源：笔者根据《中国教育经费统计年鉴 2011》—《中国教育经费统计年鉴 2019》的相关数据计算而得。

（二）应适应我国服务型政府的建设需要

与人类社会经历的传统社会、现代社会、后现代社会 3 个阶段相对应，政府类型先后经历了统治型政府、管理（管制）型政府和服务型政府的更替。自20 世纪 70 年代以来，国际上先后出现了以新公共管理运动、公共选择理论和治理理论为代表的政府行政改革理论，并在美国、英国、法国、澳大利亚、新西兰等国家取得了成功。主要做法包括厘清政府职责、充分利用市场和社会力量、缩小政府行政范围，实行分权与权力下放等。新中国成立之初，我国在经济体制建设上"以苏为师"，很快就建立了在公有制基础上高度集权的计划经济体制。这一体制在新中国成立初期对国民经济的恢复与发展起到了一定的积极作用，但随着社会经济的不断发展，这种僵化的体制表现出缺乏竞争性、激励性、灵活性和比较性等不足。

在高等教育领域，根据范富格特（Frans Van Vught）的研究，政府对大学的影响可归纳"国家控制"和"国家监督"两种模式，前者指"政府试图控制高等教育系统的动力的一切方面，包括入学机会、课程学位要求、考试制度、教学人员的聘任与报酬等"；后者指"国家所施加的影响是微弱的，很多有关诸如课程、学位、人员的吸收和财政的基本决策都留给院校自己"（Van Vught，1995）。近年来，我国政府正经历从管制型政府向服务型政府的转变。服务型政府是指在公民本位、社会本位理念指导下，在民主制度框架内，把服务作为社会治理价值体系核心和政府职能结构重心的一种政府模式。自"建设服务型政府"在 2004 年被确认为中国行政改革的总目标后，我国先后于 2008 年、2013 年和 2018 年进行了 3 次大规模的机构改革，致力于服务型政府的建设。党的十九大报告中明确提出，要"转变政府职能，深化简政放权，创新监管方式，增强政府公信力和执行力，建设人民满意的服务型政府"。

（三）应适应世界高等教育财政改革的潮流

当前，降低高等教育公共支出占政府财政支出的比例已逐渐成为多数OECD 成员国的选择。图 2-3 显示了 2012 年和 2017 年 OECD 部分成员国高等教育支出占政府财政总支出百分比的变化情况（2015=100）。

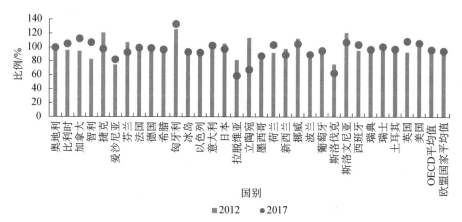

图 2-3　OECD 部分成员国高等教育支出占政府财政总支出的
百分比变化（2015=100）

资料来源：https://www.oecd-ilibrary.org/education/trends-in-the-share-of-public-private-and-
international-expenditure-on-educational-institutions-2005-2012-and-2017_c9869689-en.

图 2-4 显示了 2012 年和 2017 年 OECD 部分成员国高等教育支出占政府财政总支出的比例情况，多数 OECD 成员国和欧盟国家高等教育支出占政府财政支出的比例呈下降趋势。例如，相较于 2012 年，2017 年爱尔兰高等教育支出占 GDP 的比例下降了 29%，芬兰、挪威、斯洛文尼亚则分别下降了 25%、22%和 14%。

图 2-4　OECD 部分成员国高等教育支出占政府财政总支出的比例

资料来源：2012 年数据：https://www.oecd-ilibrary.org/education/education-at-a-glance-2015/expenditure-on-educational-institutions-as-a-percentage-of-gdp-by-level-of-education-2012_eag-2015-table130-en.；
2017 年数据：https://www.oecd-ilibrary.org/education/total-expenditure-on-educational-institutions-as-a-percentage-of-gdp-2017_6b54a643-en.

由图 2-5 可知，2017 年，我国高等学校国家财政性经费（6899.1 亿元）约占国家财政支出（203 085.5 亿元）的 3.40%，2018 年该项比例略有上升。我国该项比例自 2012 年以来处于较为平稳的态势，且明显高于 OECD 成员国的平均水平（1.4%）以及欧盟国家高等教育支出占政府财政支出比例的平均值（1.2%）。此外，随着我国经济迈入中高速发展的新常态，近几年，我国 GDP 增速明显放缓，而财政收入占 GDP 比重并没有发生明显变化，这说明我国财政收入增速也明显放缓。

三、加快社会资本投资高等教育的可能性

（一）支持社会资本投资高等教育的政策体系逐渐完善

随着我国社会主义市场经济体制的建立，国家逐渐意识到市场在高等教育

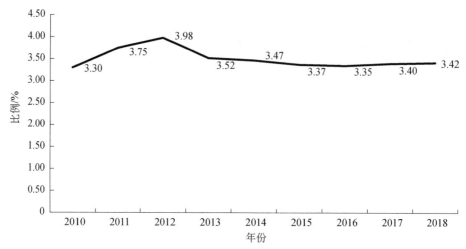

图 2-5　我国高等教育财政性教育经费占国家财政总支出的比例

资料来源：高等教育财政性教育经费来源于《中国教育经费统计年鉴 2011》—《中国教育经费统计年鉴 2019》；国家财政支出的资料来源于国家统计局网站。

资源配置中的重要作用。20 世纪 90 年代以来，政府多次出台相关政策，鼓励不同主体进入高等教育成本分担行列，从而实现高等教育办学经费来源的多样化。社会资本的引入有效增加了教育服务供给，为推动教育现代化、促进经济社会发展做出了积极贡献，已成为推动社会主义教育事业发展的重要力量。为鼓励社会力量兴办教育，政府出台了一系列政策，如 2016 年的《国务院关于鼓励社会力量兴办教育促进民办教育健康发展的若干意见》，在第三部分"创新体制机制"的"拓宽办学筹资渠道"中明确指出，要"鼓励和吸引社会资金进入教育领域举办学校或者投入项目建设。创新教育投融资机制，多渠道吸引社会资金，扩大办学资金来源。鼓励金融机构在风险可控前提下开发适合民办学校特点的金融产品，探索办理民办学校未来经营收入、知识产权质押贷款业务，提供银行贷款、信托、融资租赁等多样化的金融服务。鼓励社会力量对非营利性民办学校给予捐赠"。2017 年，党的十九大报告中进一步强调，要支持和规范社会力量兴办教育。这些政策法规的出台为社会资本进入高等教育提供了非常重要的政策支持。

1. 鼓励民办高校发展，扩大民办学校中举办者投入

1982 年 11 月，中央提出"两条腿"办教育的方针，拉开了我国民办高等

教育发展的序幕。为促进民办高校的发展，国家先后在《国家中长期教育改革和发展规划纲要（2010—2020 年）》《国家教育事业发展"十三五"规划》等重要文件中提及要"鼓励和支持社会力量举办高等教育事业"，并就"如何规范民办高校经费使用"问题出台了《中华人民共和国民办教育促进法》《社会力量办学财务管理暂行规定》等教育法律法规（表 2-5）。这些法律法规的出台为我国民办教育发展提供了良好的政策环境。

表 2-5　我国鼓励民办高校发展的重要文件

年份	文件名称	相关规定
1987	《关于社会力量办学的若干暂行规定》	第三条　社会力量办学是我国教育事业的组成部分，是国家办学的补充。各级人民政府及教育行政部门应鼓励和支持社会力量举办各种教育事业，维护学校正当权益，保护办学积极性，在条件允许的情况下，尽力帮助解决办学中存在的困难，对办学成绩卓著者给予表彰和奖励
1987	《社会力量办学财务管理暂行规定》	四、经费来源 1. 社会力量举办的学校，其经费自行筹集。学校应按当地教育行政部门会同有关部门制定的收费标准、办法向学员收取学杂费，也可以接受有关部门、单位或个人的捐助，严禁滥收费、强行募捐
1993	《中国教育改革和发展纲要》	(48) 筹措教育经费的主要措施： 一继续大力发展校办产业和社会服务，逐步建立支持教育改革和发展的服务体系，各级政府和有关部门要给予优惠政策。 一鼓励和提倡厂矿企业、事业单位、社会团体和个人根据自愿、量力原则捐资助学、集资办学，不计征税……
1995/2009/ 2015/2021[①]	《中华人民共和国教育法》	第五十四条　国家建立以财政拨款为主、其他多种渠道筹措教育经费为辅的体制，逐步增加对教育的投入，保证国家举办的学校教育经费的稳定来源。 企业事业组织、社会团体及其他社会组织和个人依法举办的学校及其他教育机构，办学经费由举办者负责筹措，各级人民政府可以给予适当支持
1997	《社会力量办学条例》	第三条　社会力量办学事业是社会主义教育事业的组成部分。各级人民政府应当加强对社会力量办学工作的领导，将社会力量办学事业纳入国民经济和社会发展规划。 第四条　国家对社会力量办学实行积极鼓励、大力支持、正确引导、加强管理的方针。 第四十五条　县级以上各级人民政府有关部门应当依照有关法律、法规的规定，对社会力量办学给予扶持。 第四十六条　县级以上各级人民政府教育行政部门、劳动行政部门和其他有关部门对社会力量举办的教育机构在业务指导、教研活动、教师管理、表彰奖励等方面，应当与对国家举办的教育机构同等对待。 第四十七条　教育机构建设需要使用土地的，县级以上地方各级人民政府应当根据国家有关规定和实际情况，纳入规划，按照公益事业用地办理，并可以优先安排

续表

年份	文件名称	相关规定
1998/2018	《中华人民共和国高等教育法》	第六十条 高等教育实行以举办者投入为主、受教育者合理分担培养成本、高等学校多种渠道筹措经费的机制……国家鼓励企业事业组织、社会团体及其他社会组织和个人向高等教育投入
2002/2013/ 2016/2018	《中华人民共和国民办教育促进法》	第三条 民办教育事业属于公益性事业，是社会主义教育事业的组成部分。国家对民办教育实行积极鼓励、大力支持、正确引导、依法管理的方针。各级人民政府应当将民办教育事业纳入国民经济和社会发展规划。 第五十二条 国家采取措施，支持和鼓励社会组织和个人到少数民族地区、边远贫困地区举办民办学校，发展教育事业
2010	《国家中长期教育改革和发展规划纲要（2010—2020年）》	（五十六）加大教育投入。教育投入是支撑国家长远发展的基础性、战略性投资，是教育事业的物质基础，是公共财政的重要职能。要健全以政府投入为主、多渠道筹集教育经费的体制，大幅度增加教育投入
2012	《教育部关于鼓励和引导民间资金进入教育领域 促进民办教育健康发展的实施意见》	（二）健全以政府投入为主，多渠道筹措经费的教育投入体制。加大政府教育投入的同时，采取积极有效措施，鼓励和引导民间资金进入教育领域，形成以政府办学为主体、全社会积极参与、公办教育与民办教育共同发展的格局。 （四）鼓励和引导民间资金以多种方式进入教育领域。社会力量按照国家有关规定，以独立举办、合作举办等多种形式兴办民办学校（含其他教育机构，以下同），拓宽民间资金进入教育领域、参与教育事业改革和发展的渠道
2013	《中共中央关于全面深化改革若干重大问题的决定》	（42）深化教育领域综合改革 ……健全政府补贴、政府购买服务、助学贷款、基金奖励、捐资激励等制度，鼓励社会力量兴办教育
2015	《中共中央关于制定国民经济和社会发展第十三个五年规划的建议》	七、坚持共享发展，着力增进人民福祉 （一）增加公共服务供给。……创新公共服务提供方式，能由政府购买服务提供的，政府不再直接承办；能由政府和社会资本合作提供的，广泛吸引社会资本参与。加快社会事业改革。 （三）提高教育质量。……支持和规范民办教育发展，鼓励社会力量和民间资本提供多样化教育服务
2016	《国务院关于鼓励社会力量兴办教育促进民办教育健康发展的若干意见》	（六）建立差别化政策体系。国家积极鼓励和大力支持社会力量举办非营利性民办学校。各级人民政府要完善制度政策，在政府补贴、政府购买服务、基金奖励、捐资激励、土地划拨、税费减免等方面对非营利性民办学校给予扶持。各级人民政府可根据经济社会发展需要和公共服务需求，通过政府购买服务及税收优惠等方式对营利性民办学校给予支持。 （七）放宽办学准入条件。社会力量投入教育，只要是不属于法律法规禁止进入以及不损害第三方利益、社会公共利益、国家安全的领域，政府不得限制。政府制定准入负面

续表

年份	文件名称	相关规定
2016	《国务院关于鼓励社会力量兴办教育促进民办教育健康发展的若干意见》	清单，列出禁止和限制的办学行为。各地要重新梳理民办学校准入条件和程序，进一步简政放权，吸引更多的社会资源进入教育领域 （八）拓宽办学筹资渠道。鼓励和吸引社会资金进入教育领域举办学校或者投入项目建设。创新教育投融资机制，多渠道吸引社会资金，扩大办学资金来源。鼓励金融机构在风险可控前提下开发适合民办学校特点的金融产品，探索办理民办学校未来经营收入、知识产权质押贷款业务，提供银行贷款、信托、融资租赁等多样化的金融服务。鼓励社会力量对非营利性民办学校给予捐赠。 （十一）加大财政投入力度。各级人民政府可按照《中华人民共和国预算法》《中华人民共和国教育法》《中华人民共和国民办教育促进法》等法律法规和制度要求，因地制宜，调整优化教育支出结构，加大对民办教育的扶持力度。财政扶持民办教育发展的资金要纳入预算，并向社会公开，接受审计和社会监督，提高资金使用效益
2017	《决胜全面建成小康社会 夺取新时代中国特色社会主义伟大胜利——在中国共产党第十九次全国代表大会上的报告》	八、提高保障和改善民生水平，加强和创新社会治理 （一）优先发展教育事业 支持和规范社会力量兴办教育
2021	《中华人民共和国国民经济和社会发展第十四个五年规划和2035年远景目标纲要》	第四十三章　建设高质量教育体系 第五节　深化教育改革 支持和规范民办教育发展，开展高水平中外合作办学

注：①本表中"/"后的年份表示修订年份，"相关规定"中出现的条款为最终修订版内容。

2. 积极引导和鼓励社会各界向高等学校捐赠，提高捐赠收入

作为缓解高等教育经费短缺问题有效且可行的渠道之一，近年来，社会捐赠越来越受到政府重视。《中华人民共和国公益事业捐赠法》《中华人民共和国高等教育法》明确规定，高等学校可以依法接受捐赠，并对受捐赠财产依法自主管理和使用。为引导和鼓励社会各界向高等学校捐赠，拓宽高等学校筹资渠道，从2009年起，中央财政设立配比资金，对中央级普通高校接受的捐赠收入实行奖励补助。2014年，《国务院关于促进慈善事业健康发展的指导意见》颁布，首次以中央政府名义指导、规范、鼓励和支持慈善事业发展的文件。2015年，国务院印发的《统筹推进世界一流大学和一流学科建设总体方案》指出，高校要不断拓宽筹资渠道，积极吸引社会捐赠，多渠道汇聚资源，增强自

我发展能力。2016 年，《国务院关于鼓励社会力量兴办教育 促进民办教育健康发展的若干意见》对民办院校捐赠事宜进行了专门规定，提出要"鼓励社会力量对非营利性民办学校给予捐赠"。同年，第十二届全国人民代表大会第四次会议通过《中华人民共和国慈善法》，使得高校捐赠工作进一步走向规范化。

3. 全面推行高等教育收费制度

新中国成立后的很长一段时间，我国普通高等学校招收学生实行免收学杂费制度，由此，给政府带来了巨大的财政负担。根据约翰斯通的教育成本分担理论，从 1989 学年度起，国家开始对新入学的本科、专科学生实行收取学杂费制度。1994 年，《中国教育改革与发展纲要》明确提出，"高等教育属于非义务教育，学生上大学原则上均应缴费"。1996 年，国家教委、国家计委、财政部联合颁布《高等学校收费管理暂行办法》；同年，国家教委制定了《关于1996 年推进普通高等学校招生"并轨"的意见》，启动高校招生收费的统一规范。2013 年，《财政部 国家发展改革委 教育部关于完善研究生教育投入机制的意见》指出，从 2014 年秋季学期起，按照"新生新办法、老生老办法"的原则，向所有纳入全国研究生招生计划的新入学研究生收取学费。此外，从2010 年起，我国开始实施《留学中国计划》，这为进一步吸引国际资本进入我国高等教育领域提供了可能。

（二）社会分担高等教育成本的意愿和能力逐渐增强

根据萨缪尔森的公共产品理论，高等教育是介于私人产品和公共产品之间的一种具有正外部效应的准公共产品，这一产品性质决定了高等教育成本应由政府、社会和个人共同承担。此外，美国教育经济学家约翰斯通于 1986 年提出的教育成本分担理论也认为，高等教育是有投资、有收益的活动，满足了国家、受教育者个人、纳税人（雇主）、企业、家庭、大学等多个主体的需要，根据"谁受益、谁付费"的原则，大学的教育成本应该由这些主体共同分担。20 世纪 90 年代以后，这些理论陆续传入中国。此后，人们的高等教育成本分担意识和能力日益增强，具体表现在以下几个方面。

1. 社会公众投资教育的意识和能力日益增强

21 世纪初，《国务院关于鼓励支持和引导个体私营等非公有制经济发展的若干意见》颁布。但随着全球金融危机的冲击和政府刺激经济计划的出台，从航空、钢铁、房地产到煤炭等领域，"国进民退"争议之声从未间断。在此背景下，一些创业者将目光投向教育领域。在高等教育领域，央行调查统计司发布的《2021 年第一季度城镇储户问卷调查报告》显示，当被问及未来 3 个月准备增加支出的项目时，选择教育的居民比例最高（29.9%），超过了医疗保健（26.7%）、旅游（20.1%）、购房（19.3%）、大额商品（19.3%）、社交文化和娱乐（18.6%）、保险（14.7%）。①根据《中国社会企业与社会投资行业扫描调研报告 2019（简版）》的相关统计，在社会企业所投资的教育、社区发展、就业与技能、环境与能源、医疗与健康、老年服务与产业、扶贫、艺术文化体育等众多领域中，教育投资所占比例最高（21%）。②这些无疑都为社会资本进入高等教育提供了较大的市场空间。

2. 社会公众教育捐赠意识和能力日益增强

21 世纪以来，我国经济发展速度日新月异，社会财富体量不断扩大，人民生活水平显著提高。在此背景下，公众慈善意识逐渐觉醒。同时，社会捐赠也是国家"双一流"建设的重要指标，是世界一流大学办学经费的重要来源。根据《慈善蓝皮书：中国慈善发展报告（2019）》，截至 2018 年底，中国社会组织总数量超过 81.6 万个，其中社会团体 36.6 万个，社会服务机构 44.3 万个，基金会数量达到 7027 家。中国志愿者贡献总价值由 2013 年的 215 亿元上升至 2018 年的 823.64 亿元，社会捐赠总额由 2013 年的 954 亿元上升至 2017 年的 1526 亿元。③《2018 年度中国慈善捐助报告》显示，2018 年我国社会捐赠主要

① 2021 年第一季度城镇储户问卷调查报告. http://www.pbc.gov.cn/goutongjiaoliu/113456/113469/4214015/2021032511483074121.pdf.（2021-03-25）[2021-05-25].

② 中国社会企业与社会投资行业扫描调研报告 2019（简版）. http://www.cseiif.cn/Uploads/file/20190415//5cb42a12becf4.pdf.（2019-04-15）[2020-12-25].

③ 报告精读/慈善蓝皮书：中国慈善发展报告. https://www.sohu.com/a/347470095_120067863.（2019-10-16）[2021-09-09].

流向教育、扶贫和发展、医疗健康这三个领域，合计超过总量的 7 成，其中，教育占捐款总额的 29.4%。[①]在高等教育领域，《2019 中国大学评价研究报告》中的数据显示，1980—2018 年，除去软件系统类捐赠外，全国高校累计接受国内外社会各类捐赠总额高达 927 亿元，其中校友捐赠 320 亿元，约占总额的 34.52%，[②]这体现出我国公众慈善意识正逐渐增强。

3. 家庭教育投资意识和能力日益增强

我国历来都有重教的传统，历史上，上至达官贵人，下至平民百姓，对教育投资都不遗余力。"学而优则仕""光宗耀祖"等观念更是深植民心。20 世纪 90 年代以来，随着我国社会主义市场经济的建立，家庭为高等教育付费的意识逐渐提高。与此同时，近年来，我国家庭分担高等教育成本的能力不断增强。主要原因包括：一方面，计划生育引发的低生育率减轻了家庭抚养负担；另一方面，全国居民人均可支配收入增长速度明显高于高等教育学费增长速度。柴江（2017）在研究中指出，2014 年我国高校学杂费占人均可支配收入的比例为 37.3%，较 2013 年下降了 7 个百分点，说明在高校学费"限涨令"[③]期满之后，我国部分地区进行的高校学费调整未进入或未大规模进入实施阶段，伴随着我国人均可支配收入的提高，高校学生的付费能力有所提升。该研究通过对 2437 名高校学生学费及家庭收入进行分析后发现，调查对象所缴纳的人均学费为 5689 元/年，学费占学生家庭年收入（75 866 元/年）的比例为 7.5%；在问及学生对于当前学费的承受能力时，30.1%的学生回答"完全可以承受"，60.0%的学生回答"勉强可以承受"，9.9%的学生表示"承受不了"。由此可见，当前，多数家庭已经具备较好的分担高等教育成本的能力，我国高等教育学费的收费标准尚有一定的增长空间。

---

① 2018 年度中国慈善捐助报告. http://www.charityalliance.org.cn/u/cms/www/201909/23083734i5wb.pdf.

② 2019 中国大学社会捐助排名，清华大学第一，捐助收入超 123 亿. https://www.sohu.com/a/283994438_356902?sec=wd.（2019-08-23）[2021-09-08].

③ 2001—2006 年，教育部、财政部和国家发展改革委每年都下发通知，强调"高校的学费和住宿费标准要稳定在 2000 年的水平上"。2007 年，国务院专门发文《5 年内学校学费住宿费不得提高：违反者将按治理乱收费的相关规定给予处罚》，指出"今后 5 年各级各类学校的学费、住宿费标准不得高于 2006 年秋季相关标准"。

第 三 章

我国高等教育投入体制及现状研究

第一节　我国高等教育投入体制的变迁

一、高等教育投入主体单一阶段（1949—1979 年）

这一阶段的特点是高等教育投入主体结构的单一性。高等学校所需经费全部由政府承担。作为高等教育所需经费的唯一来源，政府拨款主要包括财政预算内的高等教育事业费拨款、教育基本建设费拨款、各种专项资金用于高等教育的支出及其他预算内资金用于高等教育的支出等。在这种拨款体制下，高等院校是政府的附属机构，所需经费为中央财政"戴帽资金"，专款专用，高校在年终决算后要将全部结余交还给国家财政。

1949—1952 年，我国财政逐步形成和实行中央统一财政收支、三级预算管理的体制。与这种统收统支的体制相适应，高等教育投入管理也采取了集中统一管理体制。1950 年 3 月，《中央政务院关于统一管理本年度财政收支的决定》中对教育经费的预算、支出、管理做出了如下规定：中央直接管理的大中小学经费列入中央人民政府项算，由财政部掌管各大行政区、省（市）管理的县立中学以上教育事业费，分别列入各大行政区及省（市）项算内。其中还规定：专科以上的国立学校由中央人民政府委托大行政区代行开支者，暂列人大行政区预算内开支。各地方政府根据当地需要拟订教育发展计划，逐级上报，最终由中央政府进行统一调整和平衡。高等教育实行"条块结合"的管理办法，各中央部委与各省（区、市）制定自己的高等教育发展计划与经费预算，上报中央平衡、审批。与此同时，中央实行了高度集中的财政体制，各项经费包括教育经费均由国家财政统一列支。教育经费列入国家预算，实行国家统一领导，中央、省（区、市）、县分级管理的体制。我国实行的这种高度集中的教育财政管理体制与当时高度集中的财政体制是相吻合的。具体拨款方式是"基数+发展"，即当年各院校的投资额以其前一年实际支出结果为基数，并结合当年变化因素而最终确定。

在此期间，中国的教育投入体制经历了由集中统一，"条块"结合、以"块块"为主到"分级包干"的管理体制。这三种管理模式都带有浓厚的计划经济色彩，与当时高度集中的计划经济体制相适应，政府拨款一直是高等教育经费的唯一来源，国家集办学者、管理者为一身，办学主体的产权不明晰，管理者的权限不规范，办学模式单一，学校规模效益差。因此，这一阶段的制度特征可归纳为自上而下的、政府供给主导型、集权式的管理模式。

在当时单一的政府投入体制下，我国的高等教育规模得到了一定程度的扩大。这一阶段的主要特征是中央集中管理、高等教育经费由政府全额投入。但这种过分集中的教育财政管理体制，不利于发挥地方政府发展教育的积极性，减缓了地方高等教育发展的进程，成为高等教育事业发展的阻力。

二、高等教育投入主体多元化阶段（1980 年至今）

从投入主体构成的角度又可以将这一阶段分成两个时期。

（一）非财政性投入开始出现的时期（1980—1999 年）

随着改革开放国策的确立和市场经济体制制度的引入，1980 年，我国对过去的财政体制进行了深入改革，国家预算管理由过去的中央"统收统支"改为"划分收支，分级包干"，形成了各地区"分灶吃饭"的中央与地方分级管理并负责财政收入与支出的新财政体制。与此相适应，政府财政用于高等教育方面的支出根据高校的行政隶属关系，由中央和地方财政分别负担，中央不再统一负担高等教育财政。中央所属高校由中央政府负责，地方所属高校则由所在地政府的财政部门负责，接受地方政府管理。此举充分调动了各地发展高等教育的积极性，但也导致全国高等教育发展的不均衡：经济发达地区拥有充足的经费，高等教育事业发展相对迅速；经济欠发达地区由于经费不足，高等教育事业发展相对缓慢。

在财政拨款方式方面，1985 年，由"基数+发展"改为"综合定额加专项补助"，高校的经费由"结余收回"改为"经费包干，超支不补，结余留用"。财政拨款经费主要包括两部分：一部分是综合定额，通过在校生人数与生均拨款标准的乘积求得；另一部分是专项补助，主要根据高校的特殊需要划拨资金，专款专用。随着我国教育界对高等教育成本分担理论的引入和深入研究，1987 年，国家开始推行非义务教育的成本分摊和回收制度，把原来的助学金制度改为奖学金、助学金和贷学金相结合的制度，鼓励高校拓宽经费来源渠道。1989 年 8 月，国家教委、国家物价局和财政部颁发的《关于普通高等学校收取学杂费和住宿费的规定》指出，从 1989 学年度开始，对新入学的本、专科学生（包括干部专修科和第二学士学位班学生）均收取学杂费（除特殊专业外），对新入学的住校生要收取住宿费。学杂费及住宿费作为财政性资金交纳财政专户后转拨入学校账户作为基金，原则上财政不截留、不调剂，这就使得高校拥有了更大的资金自主权。以上的政策调整标志着我国高等教育结束了新中国成立后长期沿用的"免费上大学"政策。1992 年，我国高等教育开始在较大范围内推行招生收费制度改革，自费学生的比例不断提高，学费水平也相应提高。同时，为了使高等教育主动适应社会主义市场经济的需要，更好地贯彻教育公平性原则，转变高校的培养机制，激励学生奋发学习，提高教育质量，国家教委提出了逐步实行公费、自费"并轨"的思路。1994 年，全国有 50 所高校实行招生"并轨"试点。经过几年"并轨"过渡，1997 年，我国高等教育开始全面实行收费制度。至此，国家全部负担高等教育经费的旧体制逐渐转变为国家与个人共同分担高等教育经费的新体制。

1985 年以来，随着教育费附加的开征以及各种鼓励社会集资办学的优惠政策的出台与完善，我国高等教育经费来源逐步呈现出多元化的发展趋势。20 世纪 90 年代初，我国的教育经费主要来源于财政拨款和教育费附加，还不能从社会上筹集到大量的资金，但这让我们明确了高校筹资的发展方向。黄维（2004）在其研究中指出，1998 年全国高校高等教育经费共计 587.36 亿元，其中，财政性拨款占 61.88%，财政外经费部分占 38.12%；共收取学费 89.43 亿元，占当年高等教育经费的 15.23%。学费及其他收入已经成为高等教育经费来源中不可缺少的组成部分。

综上，这一阶段的主要特点是高等教育投入仍然以政府财政投入为主，中央和地方对高等教育分级管理，个人开始负担部分高等教育经费。高等教育办学经费从完全由政府拨款向以国家财政拨款为主、多渠道筹措教育经费的体制过渡。

（二）非财政性投入显著增加（1999年至今）

为了应对经济发展和广大人民对高等教育的需要，从 1999 年开始，国家对高等教育开始实施大规模扩招政策。同时，高等教育的投入组成结构也发生了变化，社会、个人等非财政性投入主体对高等教育经费投入的大幅度增长发挥了重要作用。同年开始实施的《中华人民共和国高等教育法》规定，"高等学校自批准设立之日起取得法人资格"，并明确了高等学校在招生计划、学科专业设置、教学、科研开发和社会服务、国际交流与合作、机构设置与人事管理、财产管理等 7 个方面享有自主权，这为高等学校作为独立法人面向社会自主办学提供了法律依据。此外，由于独立法人实体地位的确立，高校具有一定的筹资功能，除按国家规定标准收取约 1/4 的经常培养费成本及住宿费之外，高校还纷纷到金融机构和社会组织进行直接或间接的融资。在社会渠道资金的投入中，出现了校校联合、校企联合、银校联合等多主体联合投资办学形式，社会民间资本通过借贷、股份制、托管制、合作制等资本组合模式进入高等教育，不仅参与了高校基础设施建设与后勤的经营管理，而且渗透于高校的教育、教学与科研等领域，甚至还有社会资本投资办新校区，部分高校还直接创建、控股或参股上市公司。这一阶段的特点是高等教育在接受财政拨款的同时，已经形成了多渠道筹措教育经费的基本格局（李真，李全生，2005）。

这一阶段我国高等教育形成了以国家举办为主、社会力量举办为辅、高等学校与多种社会组织以多种形式合作办学为补充的、多元化的高等教育投资体制，极大地发挥了市场机制在高等教育筹资中的作用。

三、我国高等教育投入的现状分析

（一）政府财政拨款

郭鹏（2008）将我国高等教育政府拨款机制分为两大类：直接拨款机制和间接拨款机制。直接拨款机制是指政府将公共经费直接或通过一个缓冲机构支付给高等教育的拨款方式和途径，根据拨款的依据不同，直接拨款机制又包含协商拨款机制、投入拨款机制和产出拨款机制；间接拨款机构是指政府通过一定的方式把经费直接拨付给学生，再通过学生购买高等教育服务交学费把经费支付给高等学校，即政府把经费通过学生间接拨付给高等学校。

自新中国成立以来，在经济体制改革过程中，生产资料所有制从单一的公有制逐步转变为以公有制为主体的多种非公有制并存的格局，为发展高等教育提供了机遇。与此相适应，包括教育、文化、科技等非经济的服务领域，也由单一的政府举办的公立机构转变为以国家举办为主、以社会力量为辅、以高校与社会组织多种形式合作办学为补充的高等教育投资体制的局面。这种投资体制的模式不仅在于拓宽了高校的办学经费渠道，还在于引进了竞争机制，促进了高等教育改革的深化。

（二）高校学费收入

从表 3-1 可以看出，涵盖学杂费等事业收入的自筹经费在绝对数额和相对数额（占总收入比例）上都在不断提升，且成为高等学校办学经费来源的重要组成部分。由此可见，居民教育支付能力的提高和家庭对子女教育投资意识的增强为高等教育的发展提供了可能。在社会经济发展和经济体制改革过程中，受国民收入分配格局调整的影响，企业和居民所占比重上升，城乡居民收入水平不断提高，为子女接受高等教育支付学费提供了坚实的经济基础。对于大多数家庭来说，存款的首要用途是用于投资子女上学，随着家庭可支配收入的增加以及高等教育个人收益率的提高，人们也越来越能接受这种缴费上大学的做法。柴江（2017）在研究中以高等教育收费政策出台的时间和政策内容的稳定

性为依据，将我国高等教育收费政策划分为 3 个阶段：免费高等教育阶段
（1949—1983 年）、高等教育收费政策的探索阶段（1984—1997 年）和高等教
育收费的制度化阶段（1998 年至今）。以 2018 年数据为例，我国普通高校自筹
经费占总投入的 37.12%，政府财政投入占 62.11%。总体来说，学费收入所占
比例还是远低于政府财政投入所占比例。

表 3-1　我国 1950—2018 年普通高校经费投入情况　　单位：亿元

年份	总投入	政府投入		社会投入	自筹经费
		合计	其中：财政拨款		
1950	0.56	0.56	0.56	—	—
1955	4.28	4.28	4.28	—	—
1960	13.62	13.62	13.62	—	—
1965	7.41	7.41	7.41	—	—
1970	2.05	2.05	2.05	—	—
1975	10.32	10.32	8.30	—	—
1980	34.58	32.06	26.90	0.24	2.28
1985	79.96	73.23	62.37	0.63	6.10
1990	106.34	97.39	82.94	0.84	8.11
1995	269.02	223.03	197.15	3.35	42.64
2000	913.36	531.19	504.42	21.78	360.39
2005	2550.24	1090.84	1046.37	201.21	1258.19
2010	4645.01	2264.51	2191.26	59.27	2321.23
2015	8509.86	5144.88	4270.16	59.55	3305.43
2018	10 947.00	6798.94	5630.96	84.40	4063.66

　　注：表中"政府投入"是指国家财政性教育经费，包括各级财政拨款、教育费附加、企业办学支出以及校
办企业减免税等项；"社会投入"包括民办学校中举办者投入和社会捐赠经费；"自筹经费"包括学杂费等事业
收入和其他教育经费。"总投入"等于"政府投入""社会投入""自筹经费"的总和。资料来源于历年《中国
教育统计年鉴》。

（三）捐赠等形式的社会资本

　　表 3-1 的数据还显示，社会资本投入高等学校的经费额度还非常低。以
2018 年的数据为例，社会投入 84.40 亿元，仅占总投入 10 947 亿元的 0.8%。
陈波（2017）在研究中指出，社会捐赠在高等教育成本分担中所占比重较小，

既有教育体制上的原因，也有教育制度不健全的原因，如税收政策的激励力度不够，高校社会捐赠监管机制尚需完善，高校社会捐赠回报功能弱化等。由此可见，捐赠等形式的社会资本进入高等教育领域，在现阶段还存在较多的困境和制度障碍。与国外教育资金、校友捐赠等社会文化和成熟的制度模式相比，国内高校在捐赠激励机制等方面还有待完善，对于财产留给后代的资金传承文化也需要较长的时间去转变和调整。

第二节　我国民办高等教育发展与投入体制

一、我国民办高等教育复兴的背景

任何事物的产生与发展都依赖于特定的历史背景和社会环境。在经济体制转变、高等教育改革诉求等综合影响力的作用下，我国民办高等教育的复兴与发展也是一种必然的历史产物。

（一）国际背景

第一，市场机制越来越多地参与到高等教育领域中来。20 世纪七八十年代，弗里德曼（Milton Friedman）（1962）倡导的"利用市场机制经营公共服务"理念，对主要资本主义国家的包括教育在内的社会各领域都产生了深刻影响，也鼓励市场机制越来越多地参与到教育之中，进而催生了民营教育的大力发展。弗里德曼认为，资本主义体系本身具有稳固性，倡导让市场充分发挥作用，主张以市场为导向进行教育资源配置改革。这一经济思想促使多国进一步健全高等教育领域的相关法律，联邦政府、州政府等采取的政策逐渐松绑，高等教育办学主体和格局也发生了显著变化，不同层次和不同类型的高等教育机构开始兴起，部分国家的高等教育财政经费也被大幅削减。

第二，发展私立高等教育成为缓解财政困难和满足市场需求的重要途径。很多国家无论是在机构数量扩张上还是在招生规模增长上，私立高等教育机构均大大超过公立高等教育机构。钱国英（2008）的研究显示，1999—2007 年，日本、韩国、巴西等国家私立高校招生数所占比例均达到 50% 以上，有些国家甚至高达 70%—80%，其中，法国私立高校招生人数的增长率是公立高校的 7 倍多，巴西为近 3 倍，日本公立高校的招生数甚至出现了负增长。据美国教育部统计数据显示，2019—2020 年，美国私立高校共有 2357 所（其中，非营利性私立高校 1660 所，营利性私立高校 697 所），占全国高校总数的 59.2%[①]，在校学生数高达 513.6 万人，占全美高校学生总数的 26.2%[②]。可见，私立高等教育已成为世界各国教育事业发展的重要增长点。纵观世界各国私立高等教育的发展历史不难发现，私立高等教育的发展与私有制经济状况之间的关系高度紧密。基于各国实际国情，私立高等教育的发展还受到来自各国政治、科技和文化等方面的综合影响和制约。

（二）国内背景

我国民办高等教育的兴起和发展也源于深刻的经济社会背景。20 世纪 80 年代以来，我国社会经济主要发生了 4 个方面的转变：①生产资料所有制的转变。由过去单一的公有制逐步转变为以公有制为主体的多种非公有制并存的格局，高等教育领域的办学主体由单一的、政府举办的公立机构转变为政府举办的公立机构和非政府机构举办的民办机构并存。②经济社会发展引发的人才需求结构的转变。随着产业结构的转型升级和创新驱动战略的实施，劳动力市场对人力资源的需求越来越多样，较之公办高校，民办高校拥有更大的办学自主权，并能迅速依据社会人才需求的变化调整办学模式和专业设置。③高等教育体制改革的转变。随着国家鼓励社会资本进入社会公共事业领域相关政策的实施，民办高校作为社会力量办学的教育组织形式，已成为探索教育体制改革的重要力量和阵地。④居民的教育支付能力的转变。在经济社会发展、经济体制改革过程和国民收入分配格局调整中，企业和居民所占国民收入分配的比重上

---

① National Center for Education Statistics. https://nces.ed.gov/programs/digest/d20/tables/dt20_317.10.asp?current=yes. [2021-05-21].

② National Center for Education Statistics. https://nces.ed.gov/programs/digest/d20/tables/dt20_303.25.asp. [2021-05-21].

升，城乡居民收入水平不断提高，为主要依靠民间资本投入的民办教育尤其是民办高等教育的发展提供了可能。

二、我国民办高等教育的发展历程

民办学校是伴随我国改革开放的时代背景而出现的。回顾自 1978 年民办高校产生至今 40 多年的发展历程，结合我国民办高等教育在政策环境、发展速度、办学规模和办学形式等方面的发展特征，可以将我国民办高等教育的发展过程大致划分为 3 个阶段：复苏期（1978—1991 年）、探索期（1992—1996 年）和规范期（1997 年至今），各阶段起点分别对应着改革开放初期、社会主义市场经济确立初期和《中华人民共和国民办教育促进法》（以下简称《民办教育促进法》）颁布初期等特殊的社会背景。可见，民办高等教育的兴起与发展在不同阶段面临着差异化的政策氛围和生存环境。

（一）复苏期（1978—1991 年）

我国自 1977 年开始恢复停滞 10 年之久的全国高校统一招生考试，在"文革"中被撤销、拆散的高等学校得以逐渐恢复。北京、上海等一些大城市出现的文化补习班，标志着我国民办高等教育雏形的出现。1982 年修订的《中华人民共和国宪法》规定，"国家鼓励集体经济组织、国家企业事业组织和其他社会力量依照法律规定举办各种教育事业"。1985 年颁布的《中共中央关于教育体制改革的决定》指出，要充分调动企事业单位和业务部门的积极性，并且鼓励集体、个人和其他社会力量办学。这些法律和文件的出台为我国民办高等教育的兴起与发展提供了坚实的合法性保障，也使得民办高等教育事业的发展受到社会各界更广泛的关注。该阶段民办高等教育以文化补习、职业技能培训、函授教育和高等教育自学考试助学等形式为主，基本限定在非学历教育领域。

（二）探索期（1992—1996 年）

在邓小平南方谈话的思想精髓以及党的十四大重要精神的指引下，我国民办高等教育进入思想解放、充满活力的探索时期。党的十四大报告中提出，鼓励多渠道、多形式的社会集资办学和民间办学，改变国家包办教育的做法。1993 年，国务院颁布的《中国教育改革和发展纲要》提到，国家对社会团体和公民个人依法办学，采取积极鼓励、大力支持、正确引导、加强管理的方针。这些思想和文件精神极大地激发了社会各界投资办教育的热情，也掀起一股民间力量办大学的热潮。

1992 年，我国民办高等教育由非学历教育进入学历教育阶段。1993 年，国家在部分地区开始高等教育学历文凭考试试点工作。同年，《民办高等学校设置暂行规定》顺利出台，这标志着我国民办高等教育管理由"无序"进入"规范"的初始阶段。随着民办高等教育的不断发展，不足之处和生存困境也初现端倪，如办学质量难以保证，少数学校过于追求利润而忽视了教育的公益性，对公办转制学校的管理缺乏共识等。政府及教育行政主管部门、民办高校举办者与管理者，以及其他民办高等教育的利益相关者，在政策制定、办学理念、管理行为、筹资方式、内涵建设等方面都亟待进一步明确、规范和调整。

（三）规范期（1997 年至今）

民办高等教育发展过程中面临的问题，使其对于行为规范和制度完善的诉求日趋迫切。1997 年，《社会力量办学条例》发布，标志着我国民办教育进入到依法管理和依法办学的新阶段，也为国家制定民办教育其他的相关法律奠定了重要基础。1999 年，国务院批转教育部《面向 21 世纪教育振兴行动计划》中提出，今后 3—5 年，基本形成以政府办学为主体、社会各界共同参与、公办学校和民办学校共同发展的办学体制。同年 6 月，《中共中央国务院关于深化教育改革，全面推进素质教育的决定》强调，"凡符合国家有关法律法规的办学形式，均可大胆试验。"1999 年，国家推进高等教育大众化发展战略，高校实施扩招政策，教育部在现有教育资源的基础上组建、审批了一批职业技术学院和具备发放学历文凭资格的民办高校。

2002 年，修订的《民办教育促进法》的颁布以及 2004 年《中华人民共和国民办教育促进法实施条例》的出台，标志着我国民办高等教育的管理进入到依法治教、依法办学、依法管理的新阶段，有效地保障了民办教育的可持续发展。作为一部促进民办教育规范发展的专门法律，《民办教育促进法》及其实施条例对民办高等教育未来的发展起到了举足轻重的作用。

2005 年，国家发展和改革委员会、教育部、劳动和社会保障部联合印发《关于印发〈民办教育收费管理暂行规定〉的通知》；同年，《财政部 国家税务总局关于教育税收政策的通知》发布。2007 年，教育部发布《民办高等学校办学管理若干规定》，并印发《独立学院设置与管理办法》等文件，其相关规定的内容更加接近我国民办教育的发展实际，对民办学校的管理与发展问题也予以进一步的规范，对我国民办教育的健康可持续发展产生了积极的重要影响。

2010 年出台的《国家中长期教育改革和发展规划纲要（2010—2020 年）》明确提出，"积极探索营利性和非营利性民办学校分类管理"，"开展对营利性和非营利性民办学校分类管理试点"。同年 10 月，《国务院办公厅关于开展国家教育体制改革试点的通知》进一步规定，"探索营利性和非营利性民办学校分类管理办法"。由此，分类管理成为我国民办教育改革发展的新议题。

2013 年，党的十八届三中全会指出"市场在资源配置中起决定性作用"，突出了市场在社会生产各领域的资源配置中扮演主体地位的角色；同时强调促使政府在参与资源配置过程中，在保持经济稳定、弥补市场失灵和抑制经济波动等方面起到更为积极全面的作用。

2019 年，全国人民代表大会常务委员会通过了《民办教育促进法（2018 年修正）》，对比之前的版本，主要做了两处修改：一是将第二十六条第二款中的"经政府批准的职业技能鉴定机构"修改为"经备案的职业技能鉴定机构"；二是将第六十四条中的"工商行政管理"修改为"市场监督管理"。

由以上日益完善的规章制度可见，对于以主要利用非国家财政性经费为办学资金的民办学校来说，如何在分类管理实践中确定政府和市场的作用边界，使双方能够更好地在资源配置中实现效用最大化，已成为当前民办学校发展过程中面临的关键问题。

三、我国民办高等教育的发展现状

办学形式和管理机制的灵活多样，使得我国民办高等教育在 40 多年的成长与发展过程中呈现出旺盛的生命力。我国民办高等教育的发展有着重要的社会功能：一是拓展了高等教育的资源，在一定程度上弥补了公立高校提供教育服务的相对稀缺，并满足了社会公众对于高等教育的需求；二是丰富了高等教育资源供给的形式和内容，为社会输送了大量契合经济社会发展所需的应用型人才。随着我国高等教育大众化进程的推进以及民办高校自身实力的不断加强，我国民办高等教育的发展前景依然十分广阔。

（一）民办高等学校的总数

根据教育部发展规划司公布的年度高校名单数据，仅就本书研究的民办普通高校而言，1991 年为 6 所，2020 年已经发展到 526 所，其间总量约增长86.7 倍。我国高等教育自 1999 年实行扩招政策以来，民办高等教育也取得了快速发展。2002 年，修正后的《民办教育促进法》及其实施条例颁布，2018年后，随着《民办教育促进法》的第三次修正以及国务院和相关部委有关政策文件的相继出台，政府对于民办高校的相关扶持政策也逐渐完善。由于政策环境存在差异，我国民办高等教育在不同时期出现了不同的发展趋势。从规模增速上来看，我国民办高等教育大致经历了 3 个发展阶段（图3-1）。

一是快速发展期（2003—2006 年）。这一阶段，高等教育领域存在的问题主要表现为：公共财政对公立教育的投入紧缺致使教育资源的供给不足，亟需民办学校提供教育服务作为公办教育的有效补充。伴随《民办教育促进法》等相关条文对民办学校"合理回报"等一系列优惠和扶持政策做出具体规定，社会力量兴办教育的积极性空前高涨，民办高校在规模、在校生数、经费投入等方面都呈现快速扩张的趋势。

二是平稳发展期（2007—2012 年）。这一阶段，一方面，在《民办教育促进法》实施过程中，由于种种原因，相关优惠和扶持政策难以得到有效落实；另一方面，公共财政对公办高校的投入力度有所加大，给民办高校发展带来了冲击。随着国家不断提高公办学校生均拨款标准（普遍高于民办学校收费标准），加上公办高校普遍扩招以及生源减少、独立学院的出现等因素，民办高校的发展空间受限，虽然机构数及所占比例均呈现阶梯式增长，但显而易见的是自 2006 年以后，民办高校发展规模的增速在逐步放缓。

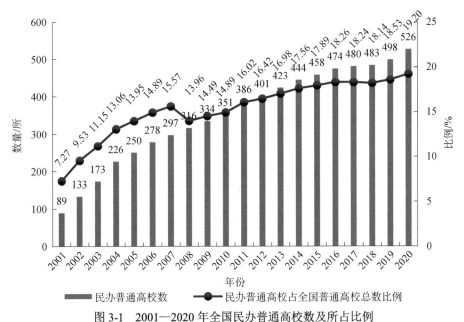

图 3-1 2001—2020 年全国民办普通高校数及所占比例

资料来源：2001—2019 年的数据来自《全国教育事业发展统计公报 2001》—《全国教育事业发展统计公报 2019》。① 2020 年的数据是根据教育部公布的全国高校名单统计而得。②

三是规范发展期（2013 年至今）。这一阶段，《民办教育促进法》修订，《国务院关于鼓励社会力量兴办教育促进民办教育健康发展的若干意见》出台，教育部等五部门印发《民办学校分类登记实施细则》，教育部、人力资源和社会保障部、工商总局印发《营利性民办学校监督管理实施细则》，标志着我国民办教育进入以分类管理、规范促进、内涵发展为主要特征的新阶段。尤其是 2021 年修订的《民办教育促进法实施条例》，不仅对民办高校办学实践中的焦点、难点、重点问题给予了积极回应，也对举办者、管理者和师生等社会各方利益诉求给予了充分关注，为鼓励社会力量积极兴办高质量民办高等教育并使其健康发展营造了良好的政策环境。

---

① 历年全国教育事业发展统计快报可参见 http://www.moe.gov.cn/jyb_sjzl/sjzl_fztjgb/.

② 全国高等学校名单. https://gaokao.chsi.com.cn/gkxx/zszcgd/dnzszc/202007/20200709/1939506026.html.（2020-07-09）[2021-09-08].

（二）民办高等教育的在校生数

就民办普通高校学生数而言，从绝对数量上来看，由 2001 年的 14.0 万增长到 2019 年 708.8 万人，其间在校生总数增长了 49.6 倍，每年平均增长 38.6 万人。从相对数量上来看，截至 2019 年底，民办普通高校在校生占全体普通高校在校生数的比例已高达 23.4%（表 3-2）。这些数据显示，我国民办高等教育在进入 21 世纪后快速成长，已发展成为我国高等教育体系的重要组成部分。

表 3-2　2001—2019 年全国民办普通高校在校生数及占比情况

年份	民办普通高校在校生数		民办普通高校在校生占全体普通高校在校生数比例	
	合计/万人	比上年增长/%	占比/%	比上年增长/百分点
2001	14.0	—	2.0	—
2002	32.0	128.6	3.5	1.5
2003	81.2	153.8	7.3	3.8
2004	139.8	72.2	10.5	3.2
2005	105.2	−24.8	6.8	−3.7
2006	133.8	27.2	7.7	0.9
2007	163.1	21.9	8.7	1.0
2008	401.3	146.0	19.9	11.2
2009	446.1	11.2	20.8	0.9
2010	476.7	6.9	21.4	0.6
2011	505.1	6.0	21.9	0.5
2012	533.2	5.6	22.3	0.4
2013	557.5	4.6	22.6	0.3
2014	587.2	5.3	23.0	0.4
2015	610.9	4.0	23.3	0.3
2016	634.1	3.8	23.5	0.2
2017	628.5	−0.9	22.8	−0.7
2018	649.6	3.4	22.9	0.1
2019	708.8	9.1	23.4	0.5

资料来源：数据来自《全国教育事业发展统计公报 2001》—《全国教育事业发展统计公报 2019》。[1]

---

[1]　历年全国教育事业发展统计公报可参见 http://www.moe.gov.cn/jyb_sjzl/sjzl_fztjgb/.

根据表 3-2 的分析结果，2001—2019 年，民办普通高校在校生数在总体上呈增加变化趋势。民办普通高校在校生占全体普通高校在校生数比例仅在 2005 年和 2017 年有所下滑，究其原因，2004 年 6 月印发的《教育部关于取消高等教育学历文凭考试的通知》规定，"所有进行文凭考试试点的民办教育机构，一律终止招收文凭考试学生"，取消对学历文凭考试试点的审批及招生工作。这有利于推动民办高等教育依法办学和规范管理，但也提高了人们接受民办高等教育的门槛，进而对生源数量产生了一定的影响。随着改革进程的推进，相关政策文件的出台，人们接受民办高等教育的社会观念的逐步转变，民办高校在校生人数在经历了短暂下滑之后又呈现逐年上升的趋势。此外，从分析结果中还可以看出，民办普通高校在校生数的增长速度呈逐年递减的趋势。

（三）民办高等教育的办学层次和结构

高等教育规模持续平稳增长，民办高等教育则承担着"重要增长点"的责任。民办高等教育的发展不仅表现为整体规模在平稳扩大，还表现在办学层次的不断提升。区别于以往民办高校的办学层次较低、多为高职专科层次的状况，现阶段我国民办高校的本科资源总量增势较为迅猛。

2012—2018 年，我国民办高校的办学层次有了明显提升，具体表现在较之专科层次的情况，本科层次的毕业生数、招生数和在校生数的绝对数量总体上呈逐年递增趋势。相较于 2012 年，2018 年民办高校各层次学生数都有显著增长：在毕业生数上，本科层次增长了 39.7%，专科层次仅增长了 14.5%；在招生数上，本科层次的规模约为专科层次的 1.3 倍；在在校生数上，本科层次的规模约为专科层次的 1.8 倍（表 3-3）。统计分析结果显示，民办普通高校的专科层次在毕业生数、招生数、在校生数上增长缓慢，甚至出现了负增长的现象；民办普通高校本科层次的发展规模则相对稳定。

表 3-3 2012—2018 年我国民办普通高校本、专科层次的发展状况

	比较项	2012 年	2013 年	2014 年	2015 年	2016 年	2017 年	2018 年
毕业生数	本科层次人数/万人	66.3	72.0	80.8	88.4	93.2	92.9	92.6
	比上年增长/%	14.3	8.6	12.2	9.4	5.4	−0.3	−0.3

续表

比较项		2012 年	2013 年	2014 年	2015 年	2016 年	2017 年	2018 年
毕业生数	专科层次人数/万人	64.3	61.3	61.1	62.9	60.8	76.8	73.6
	比上年增长/%	−1.1	−4.7	−0.3	2.9	−3.3	26.3	−4.2
招生数	本科层次人数/万人	94.5	92.1	92.8	96.7	99.9	103.2	105.2
	比上年增长/%	7.0	−2.6	0.8	4.2	3.3	3.3	1.9
	专科层次人数/万人	65.6	68.0	80.2	81.3	74.0	82.1	78.8
	比上年增长/%	0.3	3.7	17.9	1.4	−9.0	10.9	−4.0
在校生数	本科层次人数/万人	341.2	361.6	374.8	383.3	389.6	404.8	417.1
	比上年增长/%	9.4	6.0	3.7	2.3	1.6	3.9	3.0
	专科层次人数/万人	192.0	195.9	212.3	227.5	226.7	246.4	232.5
	比上年增长/%	0.7	2.0	8.4	7.2	−0.4	8.7	−5.6

资料来源：根据《中国教育统计年鉴 2012》—《中国教育统计年鉴 2018》的统计数据计算得出。本表的各项指标不包含独立学院的学生数在内。

近年来，民办普通高校本科层次的在校生规模呈现增速逐年加快的趋势，在整个本科教育层次中的占比也明显增大。究其原因：①在原有 300 多所民办普通高校中，民办本科院校占比较小，这为一些民办学校的升格提供了发展空间；②根据教育部关于独立学院的相关规定，2008 年所有独立学院均纳入民办高校系列，使得民办高校和民办本科高校的资源总量快速增大；③随着社会经济的稳定增长，民办本科层次毕业生的需求量逐年增大。

四、我国民办高等教育经费收入的现状及问题分析

（一）我国民办高等教育经费收入的现状分析

现阶段，我国民办高等教育经费的来源结构还有待进一步完善，作为事业收入重要组成部分的学费收入所占比例过大，而国家财政性教育经费和社会捐赠所占比例过小（表 3-4），我国民办高等教育主要还是依学费收入来维持学校的日常经营与管理。

表 3-4　2010—2017 年我国民办普通高等教育经费来源结构情况

年份	总收入/亿元	国家财政性教育经费/%	民办学校中举办者投入/%	事业收入/%	社会捐赠/%	其他/%
2010	570.13	4.91	4.88	88.53	0.22	1.46
2013	779.38	9.27	4.59	82.51	0.44	3.19
2017	1094.93	9.84	3.47	82.80	0.39	3.50

资料来源：《中国教育经费统计年鉴 2011》—《中国教育经费统计年鉴 2018》。

从分析结果可知，在民办高校的经费来源中，2010—2017 年学费所占比重的平均值超过了 80%，而财政拨款的平均值不足 10%，在 2010 年甚至低于 5%，而社会捐赠均低于 0.45%。可见，民办高等教育的运行和发展绝大部分依靠学费收入，这一情形可能导致两种结果：①民办高校的生源总数下降，在校生减少。由于民办高校生源中的一部分来自中低收入阶层，收费过高可能使他们放弃入学，导致部分学校关闭，最终使得民办高等教育规模萎缩。②由于高等教育是成本递增的，学费也会不断上升，这将加重受教育者及其家庭的负担，从而有悖于教育公平。这两种结果都会影响民办高等教育的可持续健康发展。

（二）我国民办高校经费来源结构存在的问题

目前，我国民办高等教育多渠道经费筹措体制尚不完善，严重影响了我国民办高等教育的进一步发展，进而影响我国教育体制改革和整个教育事业的发展。鉴于此，我们有必要分析我国民办高校在筹措办学经费过程中存在的问题，进而找出这些问题背后的深层次原因，以此为切入点，最终提出解决问题的对策与建议，以促进我国民办高等教育的可持续健康发展。

1. 经费来源的相关政策还需进一步完善

在本章的开头，已针对民办高等教育投入的相关政策和地方实践探索进行了相关的阐述。这些法规和政策表明，我国各级政府在财政支持民办高等教育发展等方面已迈出了非常重要的一步。然而，这些政策规定中仍然存在一些不足，主要表现在以下 4 个方面。

第一，相关资助政策和规定的内容过于笼统和原则化，导致各级政府和民办高校在实际管理过程中缺乏具有可操作性和细致化的解决办法和操作细则。

第二，相关的政策法规在执行过程中缺乏强制性的规定内容。对于那些不符合政策规定且不作为的地方政府和民办高校不予以惩戒，导致各方利益相关者因奖惩机制不完善而失去严格执行政策规定的内在动力。

第三，现有政策规定尚未针对民办高校的资助力度和层级政府间的责任分工等做出明确规定。因此，在实际资助过程中，这一政策缺陷易导致各级政府间的职责不明、权限不清，进而最终降低民办高校的受资助水平和力度。

第四，政策法规中规定了政府提供一定的土地使用优惠、事业收入等税费减免方面的间接支持，而对于政府为民办高校提供直接财政资助的规定相对匮乏。这就使得政府资助民办高校缺乏法律化和制度化的规定，一旦各级政府财政资金出现紧张状况时，对民办高校的资助就可能相应缩减。因此，民办高校经费来源相关政策的不完善已成为制约民办教育获取政府资助的重要障碍，使得实际执行过程中缺乏有力的依据。

2. 投融资形式虽然多样，但主要依赖学费收入

如前所述，我国高等教育基本形成了多渠道筹资办学的机制，办学经费来源主要有学费、政府资助、国有和非全民所有制企业投资、社会资助、港澳台工商业者捐助、外资和华侨出资办学、公民个人出资办学等。多渠道筹集办学经费机制的初步形成和大量社会资金的引入，在一定程度上缓解了当前我国教育经费供给有限与教育需求扩大的突出矛盾，促进了我国民办高等教育的发展。

与此同时，我们也应看到，民办高校的投融资的形式多样，但其所占比例较小。多数民办高校还是依靠收取学生的学杂费来维持学校的日常教学活动。更有甚者，某些民办高校的基本建设支出也完全依靠收取学生及其家庭的学费来实现。民办高校对学费的过度依赖会造成诸多方面的严重后果。

第一，办学经费的多寡随招生情况的好坏而波动。当生源充足时，办学经费相对充裕；一旦生源不足，学校就没有充足的资金，变得举步维艰。公办高

校获得的财政投入正在逐步增加，且处于普遍扩招的局面，对于民办高校的生源数量构成了较大威胁。单纯依靠学费收入以学养学的生存方式，就会限制民办高校的发展。

第二，很多民办高校多方筹集资金的能力受到诸多因素的制约。民办高校培养学生的成本在不断提高，但因为地方政府对民办高校收费标准设置有一定的规定限制，所以学费上涨的空间极其有限，而且在市场调节作用下，学生往往通过"以脚投票"的方式来选择可承受能力范围的民办高校。同时，较之综合实力强、社会声誉高的公办高校，民办高校通过社会捐赠和金融手段筹措办学经费的难度更大、空间有限。

第三，生源质量受学费的限制，学校为了多招学生，就会放松对学生的素质要求，这也是民办高校生源质量较差的重要原因。由于过分依赖学费，学校没有其他稳固的经费来源，导致办学经费短缺，办学条件得不到有效改善，民办高校的办学质量下降。因此，民办高校在发展过程中，容易陷入生源质量降低、办学经费短缺、办学条件欠佳、办学质量下降的恶性循环。

可见，民办高校筹资渠道单一和不畅成为民办高等教育发展过程中的瓶颈。因此，各民办高校不应只把目光聚焦在学生的学费上，而应充分挖掘其他筹资途径，以减轻学生及其家庭的经济负担，为创造更好的办学条件、提升办学质量和层次、发展民办高等教育奠定坚实的经济基础。

3. 经费筹措体制有待健全

从总体看，我国民办高等教育虽然在经费来源方面大体初步形成了多元化的格局，企业投资、个人投资以及其他社会力量捐助在整个教育投资中已占有一定的份额，但政府投资所占比重仍然偏小。在进行市场经济改革的过程中，这种状况不利于充分发挥社会各方面对民办高等教育投资的积极性，导致民办高等教育投资逐步陷入供给不足的困境。

在现行的投资体制下，与公办高等教育相比，民办高等教育存在更多的困难（如缺乏政府的资金支持、缺乏开放的教育资本市场、缺乏规范的产权组织制度）和困扰（如投资民办高等教育如何获取股本投资回报，民办高等教育组织能否上市，教育资产的抵押等），无法吸引社会资本，难以调动资本的积极性。市场中的游离资本无法通过有效途径投资于民办高等教育，以致民办高等教育的规模成长难上加难，核心竞争力受挫，这也反映了我国教育资本市场建设具有严重的滞后性。

综上所述，我国民办高校经费的来源存在较多问题，其中经费筹措体制不健全、运行机制不完善是关键原因。

第 四 章

我国高等教育经费投入的
实证分析

高等教育是国民教育体系的重要组成部分，是推动经济发展、知识技术创新和社会进步的重要力量。近年来，我国高等教育发展迅速，高等教育入学机会大幅提高。《2005 年全国教育事业发展统计公报》显示，2005年我国高等教育在学总规模为 2300 万人，高等教育毛入学率为 21%；而到了 2019 年，在学总规模达到 4002 万人，毛入学率达到 51.6%。与此同时，高等教育经费投入不断增加，为高等教育的发展提供了有力支撑。来自《中国教育经费统计年鉴 2016》的数据表明，2005 年全国高等教育经费收入为 2658 亿元，2018 年增加至 12 021 亿元。充足的经费投入是推动高等教育快速健康发展的重要保障，因此高等教育经费投入一直是学术界关注的重要问题。

第一节　我国高等教育经费投入的变化及启示

定量分析我国高等教育经费投入变化的文献很多，但大多数研究基于某一个特定的角度，如生均经费、财政性投入、社会投入、经费来源结构等。这些研究有助于从某个角度了解我国高等教育经费投入的状况，但无法对其进行全面、系统的认识。部分研究对 1999 年高等教育扩招后我国高等教育经费投入的变化进行了比较全面的分析，但这些研究使用的大多是 2010 年之前的数据，无法反映我国高等教育经费投入的最新变化。

本书根据我国 2005—2015 年的相关数据，从投入总量、投入结构和生均投入 3 个方面对我国高等教育经费投入的变化进行全面分析，并基于可获得的数据进行国际比较，从而弥补了以往研究存在的视角单一或数据滞后的缺陷，以期有助于全面认识我国高等教育经费投入的历史变迁和最新变化，预测其未来的发展趋势，为制定合理的投入政策以保障高等教育经费投入、提升高等教育质量、推动高等教育可持续发展提供重要的参考依据。

一、概念界定与数据说明

（一）概念界定

1. 投入总量

投入总量用于衡量高等教育经费投入的总体水平。高等教育投入有政府渠道和非政府渠道两类来源，区分这两类投入具有重要的理论和现实意义。因此，本章对高等教育经费按照政府投入和非政府投入两类进行了区分，此外，将非政府投入进一步划分为家庭投入（指学生及其家庭的直接投入）和社会投入（指除了政府和家庭投入之外，其他社会机构或个人的投入）。图4-1显示了高等教育经费投入的构成。

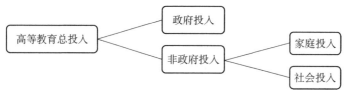

图 4-1　高等教育经费投入的构成

本章中我国高等教育的经费数据来自历年的《中国教育经费统计年鉴》，根据该年鉴的统计指标来界定我国高等教育的各类收入。在《中国教育经费统计年鉴 2016》中，我国教育经费收入根据来源被划分为国家财政性教育经费、民办学校中举办者投入、捐赠收入、事业收入和其他教育经费 5 类。本书将国家财政性教育经费收入视为政府投入，将除国家财政性教育经费之外的教育经费收入视为非政府投入。在非政府投入中，将学费视为家庭投入，将其他类型的非政府投入视为社会投入。

OECD 每年出版的《教育概览》提供了不同国家高等教育经费的详细统计数据，因此在国际比较中，本书根据历年的《教育概览》统计指标来界定其他国家高等教育的各类投入，其对应的统计指标见表4-1。

表4-1　高等教育经费投入的界定

概念	《中国教育经费统计年鉴》	《教育概览》
高等教育总投入	教育经费收入	高等教育机构支出 （expenditure on tertiary educational institutions）
高等教育政府投入	国家财政性教育经费	公共支出（public expenditure）
高等教育非政府投入	除国家财政性教育经费之外的教育经费收入	私人支出（private expenditure）
高等教育家庭投入	学费	家庭支出（household expenditure）
高等教育社会投入	除国家财政性教育经费和学费之外的教育经费收入	其他私人机构或个人的支出 （expenditure of other private entities）

对于表4-1有以下3点说明：①在《中国教育经费统计年鉴》中，国家财政性教育经费包括多项收入指标，但在不同的年份，指标名称和统计口径并不一致。我们试图统一口径，以使在不同年份间更具可比性，但发现无法做到这一点，因此只能直接使用该年鉴提供的数据。②在不同年份，非政府投入涵盖的收入指标也不相同。具体而言，非政府投入，在2005年和2006年，包括社会团体和公民个人办学经费、社会捐资经费、事业收入和其他收入；2007—2013年，包括民办学校中举办者投入、社会捐资经费、事业收入和其他收入；2014年之后，则包括民办学校中举办者投入、捐赠收入、事业收入和其他教育经费。③在《中国教育经费统计年鉴》中，学费作为事业收入的一个子项被单独列出，因此事业收入中包含学费。

除了使用投入的绝对数量，本书还使用两类比例指标衡量高等教育投入的总量水平。①高等教育经费投入占GDP的比例，指一个国家或地区的高等教育投入占其经济总量的比例，从货币的角度衡量了高等教育在国民经济中的相对地位。这一比例随时间的变化还能反映高等教育投入增长率与经济增长率的关系。如果该比例随着时间的推移继续增大，则说明高等教育投入的增长速度高于经济增长速度；反之，则说明高等教育投入的增长速度低于经济增长速度。②高等教育政府投入占财政支出的比例，指一个国家或地区财政投入高等教育的经费与其财政支出的比例关系，体现了政府在分配财政资源时对高等教育的偏好，在一定程度上衡量了政府对高等教育投入的努力程度。使用这两个指标的好处是剔除了经济发展水平和财政能力的影响，便于在不同国家之间进行比较。

2. 投入结构

投入结构指各种类型的投入占高等教育总投入的比例，它衡量了不同来源的投入对于高等教育总投入的相对重要性。具体而言，则分别使用政府投入和非政府投入占总投入的比例来予以衡量。

3. 生均投入

生均投入指每位在校生平均可获得的高等教育经费投入，是衡量高等教育投入质量的重要指标。本书使用了生均经费和生均公共经费两个指标。依据《中国教育经费统计年鉴》的统计口径，我国高校生均经费是指生均教育经费支出，生均公共经费则是指生均公共财政预算教育经费支出。对于其他国家，生均经费指 OECD《教育概览》提供的生均支出（expenditure per student），生均公共经费指生均公共支出（public expenditure per student）。

此外，我们还使用生均经费指数来衡量高等教育生均投入的相对水平。生均经费指数是生均经费与当年人均国内生产总值的比值，被世界银行、OECD、联合国教科文组织等国际组织广泛使用。由于剔除了经济发展水平差异的影响，这一指标可以用来衡量一个国家或地区基于其支付能力对高等教育的生均投入水平，因此可适用于在不同国家之间进行比较。

（二）数据说明

本章分析的时间段是 2005—2015 年。之所以选择从 2005 年开始，主要有两个方面的原因：①在 2005 年之前，《中国教育经费统计年鉴》提供的分学段分类别的教育经费收入数据中缺少两类经费的数据（民办学校中举办者投入以及归属于国家财政性教育经费的企业办学中的企业拨款），因此无法完整地计算出 2005 年之前高等教育的各类投入。②由于我国宏观经济发展环境、高等教育发展形势，以及高等教育财政格局等都发生着快速的变化，基于较早年份数据得到的分析结果可能并不适合作为未来决策的参考。基于以上两方面的考虑，本章主要聚焦于对 2005 年之后的各类投入进行分析。

为保证年度数据之间的可比性，所有以货币度量的投入（如总投入、各类投入、生均投入等）都经过消费价格指数（CPI）的调整，转化为按 2015 年不变价格衡量。此外，下文中所有的增长率都是基于不变价格计算的。我国高等教育经费的数据来自历年的《中国教育经费统计年鉴》，国内生产总值、人均国内生产总值、财政支出、价格指数等数据来自历年的《中国统计年鉴》。除特别说明外，其他国家的数据来自 OECD 的《教育概览 2017》，该概览提供了截至 2014 年 OECD 及相关国家高等教育经费的有关数据。

二、高等教育经费投入总量的变化

表 4-2 显示了 2005—2015 年我国高等教育经费投入总量的变化情况，下面从 3 个方面进行分析。

（一）高等教育经费投入数量及其增长

按 2015 年价格计算，2005—2015 年，我国高等教育经费总投入从 3524 亿元增加到 9518 亿元，增长了 1.7 倍，年增长率平均为 10.58%，尤其在 2013 年以前的增速较快，除 2008 之外，年增长率均超过了 10%，在 2013 年之后增速放缓。而且与 2012 年相比，2013 年的总投入甚至出现了下降。来自发达国家的数据（表 4-3）显示，与 2010 年相比，OECD 成员国 2014 年的高等教育总投入平均增长了 11%，欧盟国家平均增长了 4%。而从表 4-2 的数据可以计算出，2010—2014 年，我国高等教育投入的增长率为 36%。因此，与发达国家相比，近年来我国高等教育投入的增长速度更快。

2005—2015 年，我国高等教育的政府投入从 1 496 亿元增加到 5 930 亿元，增加了 2.96 倍。年增长率平均为 15.16%，其中在 2013 年以前增长较快（年增长率均超过了 10%，有些年份甚至超过了 30%），此后增速明显放缓。特别是，与 2012 年相比，2013 年的政府投入出现了负增长。高等教育的非政府投入从 2028 亿元增加到 3588 亿元，增加了 0.8 倍。年增长率平均为 5.97%，

表 4-2　我国高等教育经费投入总量

比较项		2000年	2006年	2007年	2008年	2009年	2010年	2011年	2012年	2013年	2014年	2015年	平均
投入金额/亿元	总投入	3524	3995	4690	5117	5670	6460	7644	8505	8459	8815	9518	—
	政府投入	1496	1702	2055	2428	2759	3403	4460	5319	5103	5337	5930	—
	非政府投入	2028	2293	2635	2689	2911	3057	3184	3186	3356	3478	3588	—
	社会投入	917	1109	1043	954	1021	1078	1156	1155	1238	1424	1530	—
	家庭投入	1111	1184	1592	1735	1889	1979	2028	2031	2119	2055	2058	—
年增长率/%	总投入	—	13.35	17.41	9.10	10.80	13.93	18.34	11.27	-0.54	4.21	7.97	10.58
	政府投入	—	13.71	20.74	18.17	13.64	23.34	31.06	19.26	-4.07	4.59	11.11	15.16
	非政府投入	—	13.08	14.93	2.03	8.24	5.02	4.17	0.07	5.34	3.63	3.15	5.97
	社会投入	—	21.00	-5.98	-8.57	7.09	5.54	7.30	-0.13	7.17	15.01	7.46	5.59
	家庭投入	—	6.54	34.53	8.98	8.88	4.74	2.46	0.18	4.29	-3.01	0.17	6.78
高等教育投入占GDP比例/%	总投入	1.42	1.39	1.39	1.36	1.37	1.36	1.43	1.48	1.37	1.35	1.39	1.39
	政府投入	0.60	0.59	0.61	0.65	0.67	0.72	0.84	0.93	0.83	0.82	0.87	0.74
	非政府投入	0.82	0.80	0.78	0.71	0.70	0.64	0.60	0.56	0.55	0.53	0.52	0.66
	社会投入	0.37	0.39	0.31	0.25	0.25	0.23	0.22	0.20	0.20	0.22	0.22	0.26
	家庭投入	0.45	0.41	0.47	0.46	0.46	0.42	0.38	0.35	0.34	0.31	0.30	0.40
高等教育政府投入占财政支出比例/%		3.33	3.22	3.31	3.30	3.05	3.30	3.75	3.98	3.52	3.47	3.37	3.42

注：投入数量和年增长率按照 2015 年不变价格计算。

表 4-3　发达国家高等教育投入增长情况

比较项		2005 年	2008 年	2011 年	2012 年	2013 年	2014 年
政府投入	OECD 平均	85	94	107	105	110	114
	欧盟国家平均	87	98	106	99	103	105
非政府投入	OECD 平均	85	94	103	104	106	107
	欧盟国家平均	85	96	101	103	104	103

注：表中数字是以 2010 年的投入为 100，按不变价格计算的相应年份的投入。

其中在 2008 年以前增长较快（年增长率均超过了 10%），此后的增速放缓。可以看出，2005 年以来我国高等教育政府投入的增长速度远高于高等教育总投入的增长速度，表明政府投入的相对重要性在不断加强。同时，将表 4-2 和表 4-3 进行对比不难发现，与我国相比，近年来发达国家高等教育政府投入和非政府投入的增速较为缓慢。

表 4-2 还显示，我国高等教育社会投入的增长呈现不规律的变化，一些年份增长很快（如 2006 年和 2014 年），一些年份则出现明显的负增长（如 2007 年和 2008 年）。除 2014 年之外，家庭投入保持了增长势头，但增长率则呈现比较明显的下降趋势，2010 年之后的年增长率均不到 5%。

（二）高等教育经费投入占 GDP 的比例

表 4-2 显示，2005—2010 年，我国高等教育总投入占 GDP 的比例稳定在 1.4% 左右，2011 年和 2012 年分别上升到 1.43% 和 1.48%，此后又开始出现下降。总体来看，2005—2015 年，我国高等教育总投入占 GDP 的比例平均为 1.39%，除少数年份外基本稳定在 1.35%—1.40%，表明我国高等教育总投入的增长与经济增长基本上能够保持同速。发达国家高等教育投入占 GDP 比例的情况见表 4-4。OECD 成员国 2005 年的平均值为 1.4，2010—2014 年的平均值均为 1.6；欧盟国家 2005 年的平均值为 1.3，2010—2014 年的平均值均为 1.4。这表明进入 2010 年以后，发达国家高等教育投入的增长与经济增长基本保持了相同的速度。同时，近年来我国高等教育总投入占 GDP 的比例与欧盟国家的平均水平接近，但低于 OECD 成员国的平均水平。

2005—2015 年，我国高等教育政府投入占 GDP 的比例平均为 0.74%。其变化趋势见图 4-2，即这一比例从 2005 年的 0.60%快速增加到 2012 年的 0.93%，此后稳定在 0.85%左右。这些数据表明，在 2013 年之前，我国政府对高等教育投入的增长速度快于经济增长的速度，但此后基本与经济增长速度持平。表 4-4 显示，2010 年以来 OECD 成员国和欧盟国家高等教育政府投入占 GDP 的比例均为 1.1%。这说明与这些国家相比，我国政府对高等教育的投入占 GDP 的比例是偏低的。

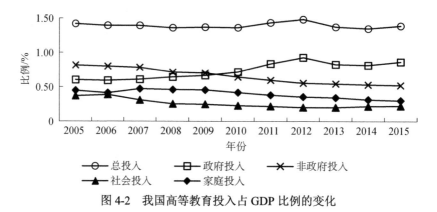

图 4-2　我国高等教育投入占 GDP 比例的变化

表 4-4　发达国家高等教育投入占 GDP 的比例　　　　单位：%

比较项		2005 年	2010 年	2011 年	2012 年	2013 年	2014 年
高等教育总投入占 GDP 比例	OECD 平均	1.4	1.6	1.6	1.6	1.6	1.6
	欧盟国家平均	1.3	1.4	1.4	1.4	1.4	1.4
高等教育政府投入占 GDP 比例	OECD 平均	1.0	1.1	1.1	1.1	1.1	1.1
	欧盟国家平均	1.0	1.1	1.1	1.1	1.1	1.1
高等教育非政府投入占 GDP 比例	OECD 平均	0.4	0.5	0.5	0.5	0.5	0.5
	欧盟国家平均	0.3	0.3	0.3	0.3	0.3	0.3

2005—2015 年，我国高等教育非政府投入占 GDP 的比例平均为 0.66%，这一比例从 2005 年的 0.82%持续下降到 2015 年的 0.52%。这一结果说明，在此期间，我国高等教育的非政府投入的增长速度始终低于经济增长的速度。表 4-4 显示，2010 年以来，OECD 成员国和欧盟国家非政府投入占 GDP 的比例分别为 0.5%和 0.3%。因此，近年来我国高等教育的非政府投入占 GDP 的比

例，与 OECD 成员国平均水平接近，但高于欧盟国家的平均水平。

此外，2005—2015 年，我国高等教育家庭投入占 GDP 的比例下降趋势明显，说明家庭投入的增长速度明显赶不上经济增长速度。高等教育社会投入占 GDP 的比例总体而言也是下降的，但在 2012 年之后有了小幅上升，表明近几年社会投入的增长有了一定程度的改善。

（三）高等教育政府投入占财政支出的比例

图 4-3 显示，2005—2015 年，我国对高等教育的投入占财政支出的比例整体上经历了先上升再下降的过程，其峰值出现在 2012 年（3.98%）。其间，我国对高等教育的投入占财政支出的比例平均为 3.42%。而在 2014 年，OECD 成员国政府对高等教育的投入占财政支出的比例平均为 3.1%，欧盟国家平均为 2.7%。从这一角度看，我国政府对高等教育投入的努力程度较高。

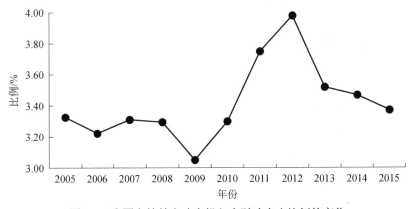

图 4-3 我国高等教育政府投入占财政支出比例的变化

三、高等教育经费投入结构的变化

（一）政府投入占高等教育总投入的比例

表 4-5 数据显示，2005—2015 年，我国高等教育政府投入占高等教育总投入的比例平均为 52.88%，即这一比例从 2005 年的 42.46% 快速增加到 2012 年

的 62.54%，平均每年提高约 3 个百分点。2013 年以后稳定在 61%左右。这从另一个角度说明了政府投入的相对重要性在不断加强。但是，表 4-6 显示，OECD 成员国政府投入占高等教育总投入的比例稳定在 70%左右，欧盟国家稳定在 80%左右。可见与这些国家相比，我国政府在高等教育投入中的主导作用还不够明显。

表 4-5　我国各类投入占高等教育总投入的比例　　　单位：%

年份	2005 年	2006 年	2007 年	2008 年	2009 年	2010 年	2011 年	2012 年	2013 年	2014 年	2015 年	平均
政府投入	42.46	42.60	43.81	47.45	48.66	52.68	58.34	62.54	60.32	60.54	62.30	52.88
非政府投入	57.54	57.40	56.19	52.55	51.34	47.32	41.66	37.46	39.68	39.46	37.70	47.12
社会投入	26.01	27.77	22.24	18.64	18.01	16.69	15.13	13.58	14.63	16.15	16.07	18.63
家庭投入	31.53	29.63	33.95	33.92	33.33	30.64	26.53	23.88	25.05	23.31	21.62	28.49

（二）非政府投入占高等教育总投入的比例

2005—2015 年，我国高等教育非政府投入占高等教育总投入的比例平均为 47.12%，其变化趋势如图 4-4 所示，即这一比例从 2005 年的 57.54%持续下降到 2012 年的 37.46%，此后基本保持稳定。根据表 4-6，OECD 成员国非政府投入占高等教育总投入的比例稳定在 30%左右，欧盟国家稳定在 20%左右。与这些国家相比，我国高等教育投入中非政府投入的比例较高。

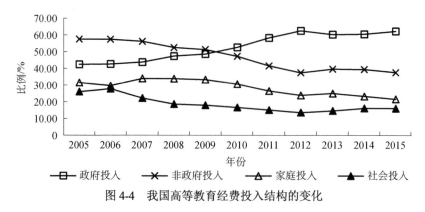

图 4-4　我国高等教育经费投入结构的变化

社会投入和家庭投入占高等教育总投入比例的变化见图 4-4。可以看出，家庭投入所占比例随时间呈现下降趋势，社会投入所占比例在 2012 年之前不断下降，近几年有小幅上升。到 2015 年前后，社会投入和家庭投入占高等教育总投入的比例分别约为 16% 和 22%。2014 年，OECD 成员国社会投入和家庭投入占高等教育总投入的比例分别为 10% 和 22%，欧盟国家分别为 7% 和 15%。由此可见，我国社会投入占高等教育总投入的比例远高于这些发达国家，家庭投入占高等教育总投入的比例与 OECD 成员国相同，但高于欧盟国家。此外，在我国高等教育投入中，家庭投入所占比例始终高于社会投入所占比例，这与发达国家的情形是一致的。

表 4-6　发达国家高等教育经费的投入结构　　　　单位：%

比较项		2005 年	2008 年	2011 年	2012 年	2013 年	2014 年
政府投入占高等教育总投入的比例	OECD 平均	70	70	70	70	71	70
	欧盟国家平均	80	80	80	78	80	78
非政府投入占高等教育总投入的比例	OECD 平均	30	30	30	30	29	30
	欧盟国家平均	20	20	20	22	20	22

表 4-7 进一步给出了不同类型的非政府投入占我国高等教育总投入的比例。需要说明的是，在 2007 年之前，《中国教育经费统计年鉴》提供的分学段分类别的教育经费收入数据中，只有"社会团体和公民个人办学经费"，而没有"民办学校中举办者投入"。为使我们的分析在不同年份之间具有可比性，表 4-7 只列出 2007—2015 年的数据。

表 4-7　不同类型的非政府投入占我国高等教育总投入的比例　　单位：%

年份	2007 年	2008 年	2009 年	2010 年	2011 年	2012 年	2013 年	2014 年	2015 年	平均
民办学校中举办者投入	0.85	0.69	0.69	0.48	0.47	0.31	0.42	0.22	0.30	0.49
捐赠收入	0.73	0.67	0.55	0.53	0.62	0.52	0.53	0.46	0.51	0.57
事业收入	46.94	44.47	43.57	40.45	35.07	31.66	33.58	33.88	32.25	37.98
其中：学费	33.95	33.92	33.33	30.64	26.53	23.88	25.05	23.31	21.62	28.02
其他教育经费	7.67	6.73	6.53	5.86	5.50	4.97	5.15	4.89	4.65	5.77

表 4-7 显示，从各类非政府收入占高等教育总收入的比例来看，事业收入所占比例最高，其他教育经费所占比例次之，民办学校中举办者投入和捐赠收入所占比例最低（均不足 1%）。

其中，学费是非政府投入中最主要的部分，2008—2015 年占高等教育总收入的平均比例为 28%，在 2010 年之前占高等教育总收入的 1/3，即便到了 2015 年这一比例仍然超过了 1/5（接近 22%）。从年度变化来看，所有类型的非政府投入占高等教育总投入的比例总体而言均随时间呈下降趋势，其中事业收入和学费所占比例的下降最明显。

四、高等教育生均投入的变化

（一）生均投入

表 4-8 显示，按 2015 年价格计算，我国高等教育的生均经费从 2005 年的 18 447 元增加到 2015 年的 28 992 元，增加了 0.57 倍，年增长率平均为 4.74%。生均公共经费从 2005 年的 7242 元增加到 2015 年的 18 918 元，增加了 1.61 倍，年增长率平均为 10.53%，增速明显快于生均经费的增速。2008—2014 年，OECD 成员国的高等教育生均经费增长了 7%，而欧盟国家仅仅增长了 5%。

与这些国家相比，我国高等教育生均经费的增长速度是相对较快的。但是也要看到，从 2013 年开始，我国高等教育的生均经费和生均公共经费都增长得较为缓慢，2013 年的生均投入甚至低于 2012 年。

表 4-9 显示了高等教育生均投入的国际比较情况，从绝对水平来看，经过购买力平价（purchasing power parity，PPP）折算之后，2014 年我国高等教育生均经费为 7338 美元，低于 OECD 成员国和欧盟国家平均值一半的水平；生均公共经费为 4700 美元，与 OECD 成员国和欧盟国家平均值之间的差异更大。

表 4-8　我国高等教育生均投入分析

比较项	2005 年	2006 年	2007 年	2008 年	2009 年	2010 年	2011 年	2012 年	2013 年	2014 年	2015 年	平均
生均经费/元	18 447	19 048	19 314	20 314	21 515	22 897	26 175	27 704	26 306	26 597	28 992	—
生均公共经费/元	7242	7885	8299	9447	10 617	11 560	15 559	17 972	16 749	17 033	18 918	—
生均经费增长率/%	—	3.25	1.40	5.18	5.91	6.42	14.31	5.84	−5.04	1.11	9.00	4.74
生均公共经费增长率/%	—	8.88	5.25	13.83	12.38	8.89	34.59	15.51	−6.80	1.69	11.07	10.53
生均经费指数	0.97	0.87	0.76	0.72	0.69	0.65	0.66	0.65	0.58	0.56	0.58	0.67
生均公共经费指数	0.38	0.36	0.32	0.33	0.34	0.33	0.39	0.42	0.37	0.36	0.38	0.36

注：生均投入及其增长率按照 2015 年不变价格计算。

表4-9 高等教育生均投入的国际比较（2014年）

比较项	生均经费/PPP美元	生均公共经费/PPP美元	生均经费指数	生均公共经费指数
中国	7 338	4 700	0.56	0.36
OECD平均值	16 143	10 830	0.40	0.28
欧盟国家平均值	16 164	12 225	0.39	0.30

注：中国的数据由笔者计算得出。

（二）生均经费指数

根据表4-8和图4-5，2005—2015年，我国高等教育生均经费指数呈现明显的下降趋势，即从0.97下降到0.58，这说明我国高等教育生均经费的增长速度低于同期人均GDP的增长速度。而生均公共经费指数为0.3—0.4，说明生均公共经费指数比较稳定，生均公共经费基本能够保证与人均GDP同步增长。

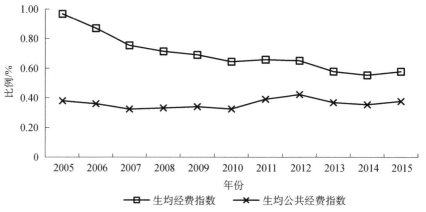

图4-5 我国高等教育生均经费指数和生均公共经费指数变化

2004—2011年，OECD成员国的高等教育生均经费指数稳定在0.4左右。来自世界银行的数据显示，2001—2012年，OECD成员国的高等教育生均公共经费指数稳定在0.26左右。这说明在这期间，发达国家高等教育生均经费指数和生均公共经费指数均已达到了稳态水平，高等教育生均投入与人均GDP实现了同步增长。此外，2005—2015年，我国高等教育生均经费指数和生均公共经费指数的均值分别为0.67和0.36（表4-8），相较于发达国家，我国这两项指数都是相对较高的。表4-9显示，2014年我国生均经费指数为 0.56，OECD 成员国和欧盟国家平均约为 0.4；我国生均公共经费指数为 0.36，OECD 成员国和欧盟国家平均约为 0.30。这也与表 4-8 中的研究结果一致，说明与发达国家相比，我国高等教育的生均经费指数和生均公共经费指数都是较高的。

五、2013 年以后高等教育经费投入出现的新变化

从上述分析可以看出，我国的高等教育经费投入从 2013 年开始出现了比较明显的变化，值得引起特别关注。这些变化主要体现在以下 3 个方面。

第一，高等教育经费投入的增长速度明显下降。我们分别计算了 2006—2012 年、2013—2015 年以及 2006—2015 年 3 个时间段我国高等教育经费投入的年均增长率（图 4-6）。显然，在 2013 年之前，不论是总投入还是生均投入，高等教育投入的增长率是比较高的，特别是政府投入和生均公共经费增长较快。但从 2013 年开始，投入增长率出现了明显的下降，特别是政府投入和生均公共经费的增长率下降更为明显。

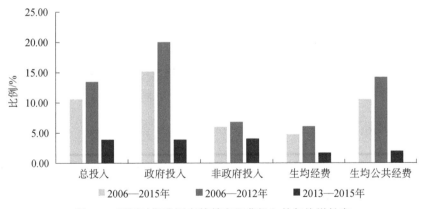

图 4-6　不同时期我国高等教育经费投入的年均增长率

第二，政府对高等教育投入的努力程度从逐渐增强变为逐渐减弱。从图 4-4 可以看出，政府高等教育投入占财政支出的比例在 2013 年之前整体而言呈现上升趋势，但此后逐年下降，表明政府对高等教育投入的努力程度从逐渐增强变为逐渐减弱。

第三，高等教育经费投入结构从政府投入比例不断上升变为投入结构趋于稳定。结合表 4-5 和图 4-6，我们发现在 2013 年之前政府投入占高等教育总投入的比例不断上升，非政府投入的比例不断下降，高等教育经费投入结构处于持续的变动之中。但在 2013—2015 年，投入结构趋于稳定，政府投入和非政府投入占总投入的比例分别稳定在 61% 和 39% 左右。

六、主要结论

基于前述分析，得出以下主要结论。

（一）2005—2015 年高等教育经费投入变化的总体特征

2005—2015 年，我国高等教育经费投入的总体特征是：①经费总投入增长较快，与经济增长基本保持同步。②政府投入的主导作用逐渐加强，表现为政府投入的增长高于总投入的增长，政府投入占高等教育总投入和 GDP 的比例逐步提高；政府对高等教育投入的程度有所增强，高等教育政府投入占财政支出的比例总体而言是提高的。③非政府投入的作用逐步弱化，表现为非政府投入的增长相对缓慢，始终低于经济增长的速度，非政府投入占高等教育总投入和 GDP 的比例呈下降趋势。④生均经费增长较慢，落后于人均 GDP 的增长；生均公共经费则增长较快，基本保持与人均 GDP 同步增长。

（二）2013 年以后高等教育经费投入出现的新变化

我国的高等教育经费投入从 2013 年开始出现比较明显的变化，即高等教育总投入和生均投入的增长速度明显减小，政府对高等教育投入的努力程度从逐渐增大变为逐渐减小，高等教育经费投入结构从政府投入比例不断上升变为投入结构趋于稳定。

（三）国际比较的主要结论

与 OECD 成员国和欧盟国家现阶段的情况相比，我国高等教育经费投入有如下特征：①经费总投入增长较快，但经费总投入占 GDP 的比例较低。②政府对高等教育投入的努力程度较高，表现为政府高等教育投入占财政支出的比例较高；但政府对高等教育投入的主导作用体现得还不够充分，表现为政府高等教育投入占高等教育总投入和 GDP 的比例都较低。③相应地，高等教育对非政府投入的依赖程度较高，特别是对社会投入的依赖程度较高。④生均投入的绝对水平还远远不及发达国家，但生均投入的相对水平（即生均经费指数）较高。

第二节　我国地方普通高校生均经费差异分析

近年来，我国高等教育发展迅速，高等教育入学机会大幅提升。2002 年，我国高等教育毛入学率为 15%，2018 年达到 48.1%，2019 年达到 51.6%，2020 年则达到 54.4%。①这意味着 2002—2018 年，我国处于高等教育大众化阶段，而从 2019 年开始则进入高等教育普及化阶段。在推进高等教育高质量发展的过程中，充足的教育经费投入是必不可少的保障条件之一。在理论分析和既有研究中，生均教育经费都是衡量高等教育投入水平最为关键的指标之一。生均教育经费和高等教育高质量发展之间呈现正向相关的关系，即只有在生均教育经费稳步增长的前提下，才有可能实现高等教育的高质量发展。然而，在地方普通高校主要由地方政府负责筹措的体制下，地方经济发展不平衡和财政能力的差异必然会造成高等学校生均教育经费的省际差异和地区差异，进而导致学生接受高等教育的质量不均等。

目前，已经有不少研究关注高等学校生均经费的省际差异或地区差异问题。但这些研究在分析时段的选取上比较随意，本书将分析时段聚焦于我国高等教育大众化阶段（2002—2018 年）这一特定历史时期，以期全面把握高等教育大众化阶段生均经费地区差异和省际差异的变化趋势，为未来在我国高等教

---

① 教育部发展规划司. 中国教育统计年鉴 2019. 北京：中国统计出版社，2020：21；教育部. "十四五"末力争把劳动年龄人口平均受教育年限提高到 11.3 年. http://www.moe.gov.cn/jyb_xwfb/moe_2082/2021/2021_zl25/bd/202104/t20210401_523908.html.（2021-03-31）[2021-04-20].

育普及化阶段提升高等教育质量、促进高等教育均衡发展、实现更大程度上的高等教育公平提供参考。

在已有研究中，分析对象可分为 3 类：第一类是省域内的所有高校，既包括中央高校，也包括地方高校（夏焰，崔玉平，2014；叶杰，2015；游小珺等，2016；蔡文伯，黄晋生，2016，2018；王奔，晏艳阳，2017）。第二类是省域内的所有普通高校，既包括中央普通高校，也包括地方普通高校（岳昌君，2013；于伟，张鹏，2015；杜鹏，顾昕，2016；吴高波，李伟静，2016；叶杰，周佳民，2017；罗建平，2018）。第三类是地方普通高校（李祥云，魏萍，2009；严全治等，2016；张紫薇等，2018；李琼等，2019）。本书认为，中央高校的财政经费主要由中央政府负担，而且中央高校的生均经费往往明显高于地方高校，这与已有相关研究的结论一致（孙志军，2009）。例如，《中国教育经费统计年鉴 2019》数据显示，2018 年我国中央属高等学校和地方高等学校的生均教育经费分别为 65 849 元和 36 287 元，中央属普通高等学校和地方普通高等学校的生均教育经费分别为 65 789 元和 29 738 元，后者间差异较大。

因此，在分析高校生均经费的地区差异或省际差异时，如果把中央高校包括在内就不能准确地反映地方高等教育投入的实际水平。另外，成人高等教育与普通高等教育在性质上存在较大差异，将成人高校与普通高校的在校生视为同质进而计算二者合计的生均经费，显然是不合适的。普通高校是我国高等教育最主要的组成部分，成人高校无论在学校数量方面还是学生规模方面都与普通高校相差甚远。[①]因此，聚焦普通高校既能使分析对象更为明确、合理，也能反映高等教育投入的主体部分。基于上述两方面的考虑，本节将分析对象限定在地方普通高校。

此外，现有研究在分析高等学校生均经费的地区差异时，关注的多是东、中、西部之间的差异。近年来，我国经济发展中的南北差异问题逐渐受到关注（盛来运等，2018；樊杰，2019；杜宇，吴传清，2020），但在教育领域，南北

---

① 《中国教育统计年鉴 2018》的数据显示，2018 年我国普通高等学校和成人高等学校的学校数量分别为 2663 所和 277 所，研究生和普通本专科在校生合起来超过 3000 万人，而成人本专科在校生总数约为 591 万人。

差异问题似乎鲜受关注。本节不但分析了我国地方普通高校生均经费的东部、中部、西部差异，还分析了南部和北部差异，有助于更全面地认识教育领域的地区差异问题。

一、研究方法和数据

（一）研究方法

在分析地方普通高校生均经费的省际差异时，本章研究主要使用基尼系数和泰尔指数两个指标，并将生均总经费的基尼系数按照其来源（即生均预算内经费和生均预算外经费）进行分解，以判断不同来源的经费对生均总经费省际差异的影响。在分析地方普通高校生均经费的地区差异时，首先根据不同区域生均经费的差值和比值来分析区域之间生均经费的差异；其次将生均经费的泰尔指数分解为组内（区域内）差异和组间（区域间）差异，以判断组间差异和组内差异的相对大小；最后将东部、中部、西部差异与南北差异结合起来，分析近几年生均经费地区差异呈现的最新趋势。

需要说明的是，由于本章分析对象是生均经费，因此所有计算（包括生均经费的均值、泰尔指数及其分解、基尼系数及其分解）均以省级层面的地方普通高校在校生数作为权重。

（二）关于数据的说明

关于本章数据，有以下几点说明：

第一，地方普通高校生均经费的原始数据来自历年的《中国教育经费统计年鉴》，包括生均总经费、生均预算内经费和生均预算外经费3个指标，分别衡量地方普通高校的生均总投入、生均政府投入和生均非政府投入。其中，生均总经费指的是生均教育经费支出，生均预算内经费指的是生均公共财政预算教育经费支出，这两类生均经费数据可从《中国教育经费统计年鉴》中直接获得。生均预算外经费则通过生均总经费减去生均预算内经费得到。为保证年度之间的可比性，所有生均经费的数值，都经过消费价格指数（CPI）的调整，转化为按 2018 年不变价格衡量。

第二，由于在《中国教育统计年鉴》和《中国教育经费统计年鉴》中并未提供各省份中央高校和地方高校的学生数，本文中用于加权的地方普通高校在校生数是用地方普通高校教育经费支出除以生均教育经费支出得到的。

第三，西藏自治区的情况比较特殊，以往很多相关研究在省际差异和地区差异的分析中均不包括西藏自治区，本书也遵循这一做法。

第四，在地区差异的分析中，关于东部、中部、西部地区的划分，主要依据国家统计局的划分方法①，并参考相关研究的常用做法，将东北地区的辽宁归为东部地区，将黑龙江和吉林归为中部地区。因此，东部地区包括北京、天津、上海、河北、辽宁、山东、江苏、浙江、福建、广东、海南等 11 个省（市），中部地区包括黑龙江、吉林、山西、河南、安徽、湖北、湖南、江西等 8 个省，西部地区包括内蒙古、重庆、四川、贵州、云南、广西、陕西、宁夏、青海、甘肃、新疆等 11 个省（区、市）。关于南北划分，参考已有研究的常用做法（杨多贵等，2018；吴楚豪和王恕立，2020；杨明洪和黄平，2020），北方地区包括北京、天津、河北、辽宁、山东、黑龙江、吉林、山西、河南、内蒙古、陕西、宁夏、青海、甘肃、新疆等 15 个省（区、市），南方地区包括上海、江苏、浙江、福建、广东、海南、安徽、湖北、湖南、江西、重庆、四川、贵州、云南、广西等 15 个省（区、市）。

二、地方普通高校生均经费的总体情况

从全国层面看，我国地方普通高校生均经费的总体情况如表 4-10 所示。

表 4-10　地方普通高校生均经费的变化　　　　单位：元

年份	生均总经费	生均预算内经费	生均预算外经费
2002	18 415	8 101	10 314

---

① 国家统计局. 东西中部和东北地区划分方法. http://www.stats.gov.cn/ztjc/zthd/sjtjr/dejtjkfr/tjkp/201106/t20110613_71947.htm.（2011-06-13）[2021-09-07].

续表

年份	生均总经费	生均预算内经费	生均预算外经费
2003	18 056	7 306	10 750
2004	17 372	6 870	10 502
2005	16 987	6 653	10 334
2006	17 340	7 012	10 328
2007	17 726	7 552	10 174
2008	18 079	8 739	9 340
2009	18 512	9 157	9 355
2010	19 841	10 262	9 579
2011	23 051	13 922	9 129
2012	25 814	17 132	8 682
2013	23 614	15 521	8 093
2014	24 033	15 614	8 419
2015	25 889	17 224	8 665
2016	26 090	17 483	8 607
2017	28 387	18 774	9 613
2018	29 738	19 049	10 689

注：按 2018 年不变价格计算。

按 2018 年不变价格计算，地方普通高校的生均总经费从 2002 年的 18 415 元上升到 2018 年的 29 738 元，增长了 61.49%，年均增长 3.84%；生均预算内经费从 2002 年的 8101 元上升到 2018 年的 19 049 元，增长了 135.12%，年均增长 8.45%；生均预算外经费从 2002 年的 10 314 元上升到 2018 年的 10 689 元，增长了 3.64%，年均增长 0.23%。也就是说，在我国高等教育大众化的这 17 年期间，地方普通高校生均总经费的增长，几乎完全源于生均预算内经费的增长，而生均预算外经费对生均总经费的贡献接近于无。另外，2003—2018 年，我国人均国内生产总值（GDP）的年平均增长率为 8.7%[①]，说明在此期间地方普通高校生均总经费的增速远低于人均 GDP 的增速，生均预算内经费的增速则略低于人均 GDP 的增速。

---

① 根据《中国统计年鉴 2020》提供的数据计算得出。

我国地方普通高校生均经费的变化情况如图 4-7 所示。可以看出，生均总经费和生均预算内经费的变化趋势完全一致，即 2002—2005 年小幅下降，之后一直持续增长至 2012 年，2013 年又出现明显下降，此后逐年上升。生均预算外经费则基本在 10 000 元（2018 年价格）左右波动。

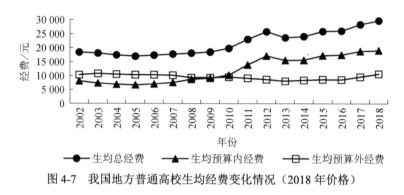

图 4-7　我国地方普通高校生均经费变化情况（2018 年价格）

三、地方普通高校生均经费的省际差异

（一）地方普通高校生均经费省际差异及其变化趋势

表 4-11 和图 4-8 为地方普通高校生均总经费的省际差异，用基尼系数和泰尔指数两个指标衡量。基于两个指标呈现的省际差异特征基本相同：2002—2006 年，生均总经费的省际差异有所上升，2007—2012 年出现下降，2013—2018 年则趋于上升。

表 4-11　地方普通高校生均总经费的省际差异（2002—2018 年）

年份	基尼系数	泰尔指数	年份	基尼系数	泰尔指数
2002	0.1431	0.0412	2011	0.1458	0.0408
2003	0.1567	0.0475	2012	0.1166	0.0278
2004	0.1581	0.0484	2013	0.1244	0.0357
2005	0.1728	0.0529	2014	0.1354	0.0492
2006	0.1748	0.0607	2015	0.1352	0.0424
2007	0.1692	0.0548	2016	0.1330	0.0366
2008	0.1630	0.0461	2017	0.1485	0.0445
2009	0.1645	0.0481	2018	0.1413	0.0392
2010	0.1584	0.0447			

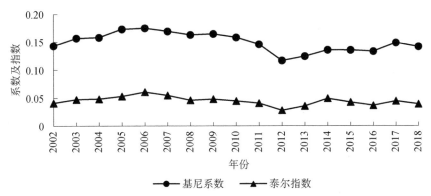

图 4-8　地方普通高校生均总经费的基尼系数和泰尔指数（2002—2018 年）

（二）地方普通高校生均经费基尼系数的分解

我们将生均预算内经费和生均预算外经费视为生均总经费的两个来源，对生均总经费的基尼系数进行了分解（表 4-12），有以下几点发现。

第一，表 4-12 的 A 列显示，2002—2009 年，生均预算外经费占生均总经费的份额的比例大于 50%；但从 2010 年开始，生均预算内经费占生均总经费的份额的比例开始大于 50%，并在 2012 年以后稳定在 65% 左右，成为生均总经费的最主要来源。

第二，表 4-12 的 C 列显示，2002—2018 年，生均预算内经费对生均总经费基尼系数的贡献率均超过了 50%。可见，生均预算内经费的差距是导致省际间生均总经费不平等的主要因素。

表 4-12　地方普通高校生均总经费基尼系数的分解

年份	经费类别	份额/% （A）	基尼系数 （B）	贡献率/% （C）	弹性 （D）
2002	生均预算内经费	0.4389	0.2438	0.6579	0.2190
	生均预算外经费	0.5611	0.1260	0.3421	−0.2190
2003	生均预算内经费	0.4035	0.2695	0.6000	0.1965
	生均预算外经费	0.5965	0.1316	0.4000	−0.1965
2004	生均预算内经费	0.3945	0.2710	0.6151	0.2206
	生均预算外经费	0.6055	0.1203	0.3849	−0.2206

续表

年份	经费类别	份额/%（A）	基尼系数（B）	贡献率/%（C）	弹性（D）
2005	生均预算内经费	0.3902	0.2717	0.5419	0.1517
	生均预算外经费	0.6098	0.1461	0.4581	−0.1517
2006	生均预算内经费	0.4032	0.2662	0.5343	0.1311
	生均预算外经费	0.5968	0.1652	0.4657	−0.1311
2007	生均预算内经费	0.4268	0.2554	0.5740	0.1472
	生均预算外经费	0.5732	0.1601	0.4260	−0.1472
2008	生均预算内经费	0.4846	0.2486	0.6764	0.1917
	生均预算外经费	0.5154	0.1415	0.3236	−0.1917
2009	生均预算内经费	0.4949	0.2387	0.6443	0.1494
	生均预算外经费	0.5051	0.1515	0.3557	−0.1494
2010	生均预算内经费	0.5155	0.2329	0.6884	0.1729
	生均预算外经费	0.4845	0.1486	0.3116	−0.1729
2011	生均预算内经费	0.6013	0.1674	0.6111	0.0098
	生均预算外经费	0.3987	0.1745	0.3889	−0.0098
2012	生均预算内经费	0.6612	0.1312	0.5732	−0.0881
	生均预算外经费	0.3388	0.1985	0.4268	0.0881
2013	生均预算内经费	0.6542	0.1290	0.6261	−0.0281
	生均预算外经费	0.3458	0.1587	0.3739	0.0281
2014	生均预算内经费	0.6472	0.1262	0.5629	−0.0843
	生均预算外经费	0.3528	0.1834	0.4371	0.0843
2015	生均预算内经费	0.6633	0.1444	0.6464	−0.0170
	生均预算外经费	0.3367	0.1822	0.3536	0.0170
2016	生均预算内经费	0.6692	0.1452	0.6736	−0.0044
	生均预算外经费	0.3308	0.1568	0.3264	0.0044
2017	生均预算内经费	0.6615	0.1527	0.6267	−0.0348
	生均预算外经费	0.3385	0.1881	0.3733	0.0348
2018	生均预算内经费	0.6410	0.1556	0.6230	−0.0179
	生均预算外经费	0.3590	0.1721	0.3770	0.0179

第三，表 4-12 的 D 列衡量了生均总经费的不平等程度对两项经费的弹性，即某项经费增加 1%导致的生均总经费基尼系数变化的百分比。可以看出，2002—2011 年，生均预算内经费的增加导致生均总经费基尼系数上升（譬如在 2002 年，生均预算内经费增加 1%，将导致生均总经费基尼系数提高 0.22%）。这一研究发现说明，在此期间，随着生均预算内经费的增加，生均总经费的不平等程度会提高；反之，生均预算外经费的增加会降低生均总经费的不平等程度。而在 2012—2018 年，情况则发生了变化，生均预算内经费对生均总经费不平等的弹性变为负数，即生均预算内经费的增加会降低生均总经费的不平等程度，而生均预算外经费的增加会提高生均总经费的不平等程度。

四、地方普通高校生均经费的地区差异

（一）东中西差异

1. 生均经费均值的东中西差异

表 4-13 给出了 2002—2018 年我国东、中、西部地区地方普通高校的生均总经费（按 2018 年不变价格计算），以及各地区之间生均总经费的绝对差异和相对差异。绝对差异用生均总经费的差值衡量，相对差异用生均总经费的比值衡量。可以看出，在同一年份，东部地区的生均总经费始终高于中部和西部；2002—2005 年，西部地区的生均总经费低于中部地区，但此后西部地区便一直高于中部地区。2018 年，东部地区的生均总经费比中部地区高 10 606 元，比西部地区高 7197 元，西部地区的生均总经费比中部地区高 3409 元，地区之间的差异非常明显。

表 4-13 东、中、西部地方普通高校生均总经费及其地区差异（2002—2018 年）

年份	生均总经费/元			生均总经费的绝对差异/元			生均总经费的相对差异		
	东部	中部	西部	东部−中部	东部−西部	西部−中部	东部/中部	东部/西部	西部/中部
2002	21 744	15 776	15 677	5 968	6 068	−100	1.38	1.39	0.99
2003	21 664	15 932	14 381	5 732	7 284	−1551	1.36	1.51	0.90

续表

年份	生均总经费/元			生均总经费的绝对差异/元			生均总经费的相对差异		
	东部	中部	西部	东部-中部	东部-西部	西部-中部	东部/中部	东部/西部	西部/中部
2004	20 870	14 976	14 168	5 893	6 702	−808	1.39	1.47	0.95
2005	21 054	13 880	13 591	7 173	7 463	−289	1.52	1.55	0.98
2006	21 644	13 832	14 261	7 812	7 382	430	1.56	1.52	1.03
2007	22 211	13 933	14 656	8 277	7 554	723	1.59	1.52	1.05
2008	22 753	14 102	15 284	8 651	7 469	1 183	1.61	1.49	1.08
2009	22 901	14 233	16 890	8 668	6 011	2 657	1.61	1.36	1.19
2010	23 717	15 373	19 182	8 344	4 535	3 809	1.54	1.24	1.25
2011	26 353	18 671	23 177	7 682	3 176	4 505	1.41	1.14	1.24
2012	28 527	22 807	25 207	5 720	3 320	2 400	1.25	1.13	1.11
2013	27 054	19 786	22 572	7 268	4 482	2 786	1.37	1.20	1.14
2014	27 957	19 910	22 459	8 047	5 498	2 549	1.40	1.24	1.13
2015	29 470	21 554	25 011	7 916	4 458	3 457	1.37	1.18	1.16
2016	30 036	21 676	24 799	8 360	5 237	3 123	1.39	1.21	1.14
2017	33 035	23 036	27 208	9 998	5 827	4 172	1.43	1.21	1.18
2018	34 998	24 392	27 802	10 606	7 197	3 409	1.43	1.26	1.14

注：生均总经费及地区间的绝对差异按 2018 年不变价格计算。

图 4-9 描绘了各地区之间生均总经费的相对差异（即比值），可以更直观地看出东、中、西部生均总经费差异随时间的变化趋势。东部地区与中部地区之间的生均总经费的差异在 2002—2008 年呈上升趋势，随后下降，2012 年之后又缓慢地拉大。东部地区与西部地区的生均总经费差异在 2002—2005 年呈上升趋势，随后下降，2012 年之后同样有所上升。西部地区的生均总经费自 2006 年超过中部地区之后，与中部地区的差距逐渐加大，2010—2012 年差距有所缩小，2012 年之后中、西部地区间的差异基本保持不变。总体来看，2012 年之前，东部地区与中部和西部地区的差异先扩大后缩小，西部地区处于超越中部地区的阶段；而在 2012 年之后，东部地区与中部和西部地区的差异有所扩大，中部地区与西部地区的差异则基本维持不变。

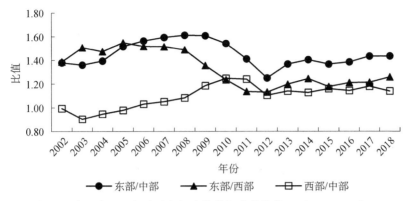

图 4-9　东、中、西部地区之间生均总经费的比值（2002—2018 年）

2. 生均经费泰尔指数的分解

表 4-14 显示了地方普通高校生均总经费的泰尔指数按东中西部进行分解的结果。可以看出，除了 2008 年，生均总经费的组内差异均大于组间差异。这也说明，地方普通高校生均经费差异的主要原因不是东中西部之间的差异，而是同一区域内部各省份之间的差异。

表 4-14　生均总经费泰尔指数的分解（按东、中、西部分组）

年份	总差异	组内差异	组间差异	组间占总差异的比例/%
2002	0.0412	0.0282	0.0131	31.71
2003	0.0475	0.0317	0.0158	33.24
2004	0.0484	0.0325	0.0158	32.75
2005	0.0529	0.0304	0.0226	42.60
2006	0.0607	0.0371	0.0237	38.97
2007	0.0548	0.0300	0.0248	45.26
2008	0.0461	0.0210	0.0251	54.37
2009	0.0481	0.0262	0.0220	45.64
2010	0.0447	0.0275	0.0172	38.53
2011	0.0408	0.0300	0.0108	26.42
2012	0.0278	0.0231	0.0047	16.92
2013	0.0357	0.0265	0.0092	25.83
2014	0.0492	0.0381	0.0111	22.51
2015	0.0424	0.0334	0.0089	21.09

续表

年份	总差异	组内差异	组间差异	组间占总差异的比例/%
2016	0.0366	0.0267	0.0099	26.99
2017	0.0445	0.0327	0.0118	26.42
2018	0.0392	0.0269	0.0123	31.45

图 4-10 呈现了组间差异随时间的变化趋势。2002—2008 年，东、中、西部生均经费的组间差异呈增大趋势；2009—2012 年，组间差异不断减小，说明东、中、西部之间的差异在缩小；但从 2012 年开始，东中西部生均经费的组间差异有所上升，说明东、中、西部之间的差异逐渐扩大。

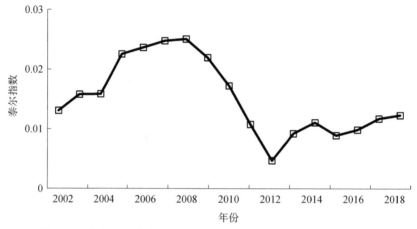

图 4-10　生均总经费泰尔指数的组间差异（按东、中、西部分解）
（2002—2018 年）

（二）南北差异

1. 生均经费均值的南北差异

表 4-15 显示了 2002—2018 年我国南方地区和北方地区的生均总经费（按 2018 年不变价格计算）及其地区差异，其中，地区差异呈现出南方、北方地区之间生均总经费的绝对差异和相对差异。在同一年份，南方地区的生均经费始终高于北方。2018 年，南方地区与北方地区生均总经费的绝对差异接近 4000 元，达到了最大值。

表 4-15　南方和北方地方普通高校生均总经费及其地区差异

年份	生均总经费/元		生均总经费的绝对差异/元	生均总经费的相对差异
	南方	北方	（南方-北方）	（南方/北方）
2002	19 022	17 702	1 320	1.07
2003	18 835	17 155	1 680	1.10
2004	18 049	16 560	1 489	1.09
2005	18 041	15 658	2 383	1.15
2006	18 397	15 969	2 428	1.15
2007	19 092	16 077	3 014	1.19
2008	19 106	16 793	2 313	1.14
2009	19 708	17 162	2 546	1.15
2010	20 927	18 434	2 493	1.14
2011	23 358	22 592	766	1.03
2012	26 369	25 173	1 196	1.05
2013	24 168	22 756	1 412	1.06
2014	24 747	22 930	1 818	1.08
2015	26 395	25 006	1 389	1.06
2016	26 995	24 818	2 177	1.09
2017	29 902	26 236	3 666	1.14
2018	31 424	27 451	3 973	1.14

注：生均总经费及地区间的绝对差异按 2018 年不变价格计算。

图 4-11 直观地呈现了南北相对差异随时间的变化趋势。总体来看，生均总经费的南北差异，同样经历了先扩大（2008 年之前）、后缩小（2008—2011年）、再扩大（2011 年之后）的变化过程。

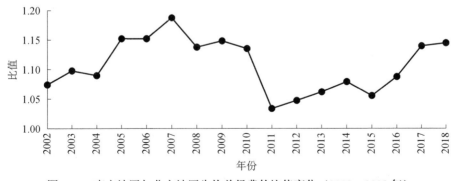

图 4-11　南方地区与北方地区生均总经费的比值变化（2002—2018 年）

2. 生均经费泰尔指数的分解

表 4-16 显示了地方普通高校生均总经费的泰尔指数，及其按南北方进行分解的结果。结果显示，生均总经费的组内差异均远远大于组间差异，换言之，地方普通高校生均经费差异的根本原因不是南北方之间的差异，而是同一区域内部各省份之间的差异。

表 4-16　生均经费泰尔指数的分解（按南北方分组）

年份	总差异	组内差异	组间差异	组间占总差异的比例/%
2002	0.0412	0.0406	0.0006	1.55
2003	0.0475	0.0464	0.0011	2.27
2004	0.0484	0.0475	0.0009	1.90
2005	0.0529	0.0505	0.0025	4.65
2006	0.0607	0.0583	0.0024	4.02
2007	0.0548	0.0512	0.0036	6.55
2008	0.0461	0.0441	0.0020	4.40
2009	0.0481	0.0458	0.0023	4.84
2010	0.0447	0.0428	0.0020	4.40
2011	0.0408	0.0407	0.0001	0.34
2012	0.0278	0.0276	0.0003	0.93
2013	0.0357	0.0353	0.0005	1.26
2014	0.0492	0.0485	0.0007	1.44
2015	0.0424	0.0420	0.0004	0.85
2016	0.0366	0.0357	0.0009	2.35
2017	0.0445	0.0424	0.0021	4.65
2018	0.0392	0.0370	0.0022	5.64

图 4-12 呈现了生均总经费泰尔指数的组间差异随时间的变化趋势。与图 4-11 的研究结论一致，即生均总经费的南北差异经历了先扩大（2008 年之前）、后缩小（2008—2011 年）、再扩大（2011 年之后）的变化过程。

将图 4-10 与图 4-12 进行比较可以看出，生均总经费的东、中、西差异和南北差异随时间的变化趋势基本一致。同时，还可以发现生均经费在东、中、西部之间的组间差异大大高于在南北方之间的组间差异，说明我国地方普通高校生均经费的东、中、西部差异大于南北差异。

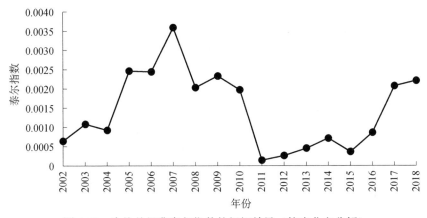

图 4-12　生均总经费泰尔指数的组间差异（按南北方分解）

（三）地区差异的进一步分析

我们将东中西部差异与南北差异两个因素结合起来，更深入地分析地区差异问题。表 4-17 给出 2016—2018 年地方普通高校生均总经费的排序（除西藏自治区、港澳台外）。可以发现：①这三年，中部 8 省的生均总经费都在后 50%（即 16—30 名），其中有 5 个省（黑龙江、河南、江西、安徽、湖南）的生均总经费一直排在后 1/3（即 21—30 名）。②这三年，在东部地区的 11 个省市中，位于南方的上海、江苏、浙江、福建、广东、海南的生均总经费一直排在前 50%（即 1—15 名），而位于北方的只有北京和天津 2 个直辖市的生均总经费排在前 50%，河北、山东、辽宁等 3 省一直排在后 50%。③这三年，在西部地区的 11 个省区中，位于北方地区的青海、宁夏、新疆、内蒙古、甘肃一直排在前 50%，陕西基本上排在 14—16 名；位于南方地区的四川、云南、广西一直排在后 50%，重庆基本上排在 14—16 名，贵州的排名则波动较大。

表 4-17　地方普通高校生均总经费的排序（2016—2018 年）

排序	2016 年	2017 年	2018 年	排序	2016 年	2017 年	2018 年
1	北京	北京	北京	6	江苏	宁夏	天津
2	上海	上海	上海	7	广东	天津	海南
3	青海	贵州	青海	8	天津	广东	宁夏
4	宁夏	青海	浙江	9	新疆	江苏	福建
5	浙江	浙江	广东	10	内蒙古	海南	江苏

排序	2016 年	2017 年	2018 年	排序	2016 年	2017 年	2018 年
11	*海南*	*福建*	*贵州*	21	吉林	吉林	辽宁
12	*甘肃*	*内蒙古*	甘肃	22	辽宁	山西	云南
13	*福建*	*甘肃*	新疆	23	广西	安徽	江西
14	重庆	新疆	陕西	24	黑龙江	河北	山东
15	陕西	重庆	内蒙古	25	湖南	黑龙江	安徽
16	山西	陕西	重庆	26	四川	湖南	四川
17	云南	湖北	湖北	27	江西	河南	河南
18	河北	广西	吉林	28	河南	四川	湖南
19	湖北	云南	广西	29	山东	山东	河北
20	贵州	辽宁	山西	30	安徽	江西	黑龙江

注：本表未包括西藏自治区及港澳台；斜体表示生均总经费高于当年全国均值的省级行政区。

此外，表 4-17 中用斜体表示的是生均总经费高于当年全国均值的省份。可以看出，在这三年中，中部地区没有一个省份的生均总经费高于全国均值。在东部地区中，生均总经费一直高于全国均值的除北京和天津 2 个直辖市以外，全是南方省市（上海、江苏、浙江、福建、广东、海南）。而在西部地区中，除了贵州有 2 个年份的生均总经费高于全国均值，生均总经费高于全国均值的都是北方省份（其中，青海和宁夏有 3 个年份高于全国均值，内蒙古和甘肃有 2 个年份高于全国均值，新疆有 1 个年份高于全国均值）。

以上分析表明，如果将东、中、西部差异和南北差异结合在一起分析，可得出以下结论：中部地区省份无论位于南方还是北方，生均总经费都处于较低水平，整体上存在"中部塌陷"现象；东部地区省份存在较为明显的南北差异，即南方高于北方；西部地区省份则存在相反的南北差异，即北方高于南方。

五、主要结论

基于 2002—2018 年的数据，本节分析了我国高等教育大众化阶段地方普通高校生均经费的变化情况以及省际差异和地区差异。主要发现包括：①在高等教育大众化阶段，我国地方普通高校生均总经费增速缓慢，且几乎完全源于生均预算内经费的增长。②生均预算内经费是省际不平等的主要原因。③生均经费的地区差异体现为东部生均经费高于西部、西部高于中部以及南方高于北方。然而，造成生均经费差异的主要原因并非区域之间的差异，而是同一区域内各省份之间的差异。④生均经费的省际差异、东中西部差异和南北差异在2012 年之前都经历了先扩大后缩小的过程，并在 2012 年以后都呈现扩大趋势。⑤这三年，中部地区所有省份、东部地区的北方省份以及西部地区的南方省份的生均经费相对而言处于较低水平。

自 2019 年起，我国进入了高等教育普及化阶段，参考本文的研究发现，我们认为未来的高等教育投入政策需要着重关注两个方面。

其一，自 2012 年开始，我国的经济增长速度开始回落，2012—2015 年GDP 的年增长率在 7%—8%，2016—2019 年 GDP 的年增长率在 6%—7%。①受新冠肺炎疫情的影响，2020 年我国 GDP 增长率的初步核算结果为 2.3%②，未来一定时期内我国的经济增长面临很大压力。近年来，我国地方普通高校生均经费的增长速度，低于同时期经济水平的增长速度，主要原因在于生均预算内经费的不断增长。因此，在经济增速明显放缓、政府财政能力面临更大约束的情况下，未来如何确保地方高校生均经费保持持续增长，对于地方政府特别是欠发达地区的地方政府是一个严峻的考验。我们认为，应该积极制定相关政策努力增加非政府投入。譬如，根据地方经济发展水平、居民收入水平和办学成本等因素制订有弹性的学费标准，建立高等学校学费的动态调整机制，实现高等学校学费的适度增长。同时进一步完善社会投入高等教育的机制，让民办高校投入、捐赠、高校创收等非财政性渠道的资金发挥其更大的作用。

其二，2012 年以后，我国地方普通高校生均经费的省际差异、东中西部差异和南北差异都呈现扩大的趋势，而且生均预算内经费是导致省际生均总经费不平等的主要因素，提高生均预算内经费有助于减小生均总经费的省际差异。因此，中央政府应考虑改革和完善高等教育财政转移支付制度，除了继续关注

---

① 根据《中国统计年鉴 2020》提供的数据计算得出。

② 2020 年四季度和全年国内生产总值（GDP）初步核算结果. http://www.stats.gov.cn/tjsj/zxfb/202101/t20210119_1812514.html.（2021-01-19）[2021-05-21]

"中部塌陷"问题和东西部差异，还应该关注南北差异问题。特别是，应额外关注东部地区北方省份（如河北、山东、辽宁）和西部地区南方省区（如四川、云南、广西），有针对性地加大对这些省区的财政扶持力度，以保证各地区高等教育质量的提升和实现更大程度的高等教育公平。

限于篇幅，本节未对地方普通高校生均经费的省际差异和地区差异的原因进行分析，将在后续研究中就此问题展开深入研究。

第三节　经费投入结构对高校生均经费的影响

高等教育承担着培养高级人才、开展科研创新、服务社会发展的重要使命，是推动经济发展和社会进步的重要力量。近年来，我国高等教育发展迅速，高等教育入学机会大幅提高。教育部发布的《2015 年全国教育事业发展统计公报》中数据显示，2015 年我国高等教育毛入学率为 40%，提前 5 年实现了《国家中长期教育改革和发展规划纲要（2010—2020 年）》提出的 2020 年高等教育毛入学率达到 40%的目标。随着 2020 年我国高等教育毛入学率已达到54.4%，高等教育规模快速扩张的同时，人们接受高等教育的机会在大幅提升，高等教育的内涵式发展、优质高等教育资源的获取则成为当下高等教育发展和社会各界广泛关注的问题。例如，该纲要提出："提高质量是高等教育发展的核心任务"；教育部原部长袁贵仁指出："当前最根本、最集中、最迫切的，是要切实增强质量意识，提高教育质量"[①]。

关于我国高等教育生均经费的研究主要分为两类。

一类研究关注高等教育生均经费的地区差异（主要是省际差异），使用不同的方法描述生均经费的地区差异及其变化趋势。相关研究包括：赵应生等（2010）通过标准差、变异系数、极差等指标描述了 1997—2007 年我国地方普通高校生均支出的省际差异；夏焰和崔玉平（2014）分析了 2001—2010 年高

---

① 以新的发展理念为引领 全面提高教育质量 加快推进教育现代化——在 2016 年全国教育工作会议上的讲话. http://www.moe.gov.cn/jyb_xwfb/moe_176/201602/t20160204_229466.html.（2016-01-15）[2021-05-21]

等学校生均事业费的省际差异及收敛的变动趋势；叶杰（2015）计算了 1996—2012 年高等教育生均经费的基尼系数，并将基尼系数按分项支出分解以及按年度变化进行分解；杜鹏和顾昕（2016）运用基尼系数和泰尔指数分析了 2004—2013 年普通高校生均经费的地区差异；游小珺等（2016）使用统计地图（cartogram）描述了高等教育生均经费的空间差异；蔡文伯和黄晋生（2016）采用变异系数和极差率分析了 2000—2013 年高等教育生均预算内事业费的省际差异，并估算了生均预算内事业费对人均 GDP 的弹性系数。

另一类研究则关注高等教育生均经费的影响因素，通常基于省级面板数据建立回归模型进行计量分析。这类研究大都综合考虑各类因素的影响，没有核心关注某一类因素的影响。如孙志军（2009）分析了人均财政支出、学生数、人口数、义务教育支出占财政支出的比重以及其他公共支出占财政支出的比重对地方普通高校生均财政拨款的影响；李小克和郑小三（2012）考察了城镇化水平、实际人均收入、政府规模和生师比对普通高校生均财政支出的影响；岳昌君（2013）考察了人均财政收入、扩招速度和毕业生流入/流出比值对普通高校生均预算支出的影响；于伟和张鹏（2015）考察了在校生规模、区域政府财力、政府教育投入意愿、高等教育倾斜度、区域创新能力和城镇化水平对普通高校生均教育经费的影响；严全治等（2016）考察了人均财政收入、人均财政支出、城镇居民人均收入、农村居民人均纯收入等因素对地方普通高校生均经费的影响。

一、研究对象和数据说明

与以往研究不同的是，本节的关注点不在于高校生均经费的地区差异，也不是一般性地分析影响高校生均经费的因素，而是重点关注高校经费收入结构对高校生均经费的影响。在现有文献中，尚无研究从这一视角对高校生均经费的变化做出解释。

经费收入结构是指不同来源的收入占教育经费总收入的比例，衡量了不同来源收入对于教育经费总收入的相对重要性。高校的经费支出很大程度上取决于经费收入状况，但从理论上分析，教育经费收入结构对生均经费的影响是不确定的。即在其他条件相同的情况下，某一类收入占教育总收入的比例增大有可能使生均经费提高，也有可能使生均经费降低，因此需要通过经验研究来回答这个问题。

杜鹏和顾昕（2016）基于2004—2013年数据的研究发现，我国高等教育生均经费呈现出低水平、慢增长和不均衡的特征。如果不能尽快改变这种状况，那么势必会阻碍我国高等教育的健康发展。本节将基于近年的高校收支数据和相关统计数据，描述我国普通高校生均经费和经费收入结构的变化，定量地估计高校经费收入结构对生均经费的影响，力求通过国际比较把握高等教育生均经费和经费收入结构的未来发展趋势，合理改进高校经费收入结构、保障高等教育经费投入、推动高等教育的内涵建设。

关于本节的研究对象和数据，需要做4点说明：①我国的高校分为普通高校和成人高校。较之普通高校，成人高校的性质差别较大，且其高校数、在校生数和经费投入也小很多，因此相关研究几乎只以普通高校为研究对象。本节研究遵循这一惯例。②我国的普通高校分为中央高校和地方高校，相关研究有的以所有普通高校为研究对象，有的以地方普通高校为研究对象。我们认为，将分析对象局限于地方普通高校无法全面地反映我国普通高校的投入和支出状况。因此，本节所指的普通高校是全体普通高校，既包括中央高校，也包括地方高校。③本节分析的时间段是2007—2014年。之所以选择从2007年开始，主要是因为从2007年开始，《中国教育经费统计年鉴》提供的分地区数据明确地将教育经费收入分为国家财政性教育经费、民办学校中举办者投入、社会捐赠经费、事业收入和其他教育经费5类。而在此之前，分地区的教育经费数据中缺少2类经费的数据：民办学校中举办者投入以及归属于国家财政性教育经费的企业办学中的企业拨款。因此无法完整地计算出2007年之前分地区普通高校的经费收入结构。④为保证年度之间的可比性，所有货币度量的变量（如生均经费、人均地区生产总值等），都经过消费者物价指数（consumer price index，CPI）的调整，转化为按2007年不变价格衡量。

二、普通高校生均经费和经费收入结构的变化

（一）普通高校生均经费的变化

2007—2014 年我国普通高校生均经费和生均经费指数的变化情况如表 4-10 所示。其中，生均经费和生均预算内经费的数据直接从历年的《中国教育经费统计年鉴》获得，生均预算外教育经费由生均总经费减去生均预算内经费得到。按 2007 年不变价格计算，2007—2014 年，普通高校生均总经费从 16 320 元增加到 2014 年的 21 792 元，增加了 34%；生均预算内经费从 6963 元增加到 13 600 元，增加了 95%；而生均预算外教育经费从 9357 元下降到 8192 元，下降了 12%。从 2011 年开始，生均预算内经费超过了生均预算外经费，成为生均经费的最主要构成部分。从每年的增长率看，生均经费和生均预算内经费保持了持续增长，后者的增速高于前者。生均预算外经费除了 2010 年之外，其他年份都出现了负增长。总之，2007—2014 年，我国普通高校生均经费缓慢增长，而且增长主要发生在 2011 年之前，在 2011 年之后几乎没有增长。此外，生均经费的增长源于生均预算内经费的增长，生均预算外经费则总体呈下降趋势。

世界银行、OECD、联合国教科文组织等国际组织还使用生均经费指数衡量生均支出水平。生均经费指数是生均教育经费与当年人均 GDP 的比值。这一指标可以衡量一个国家或地区基于其支付能力对某一阶段教育的生均支出水平。由于在计算时考虑了经济发展水平的影响，因此，生均经费指数这一指标适合于在不同国家和地区之间进行比较。表 4-18 显示，生均经费指数呈现明显的下降趋势，说明我国普通高校生均经费的增长速度低于同时期人均 GDP 的增长速度；而生均预算内经费指数在 2007—2010 年约为 0.34，2011—2014 年上升到 0.36—0.40，说明生均预算内经费指数比较稳定，生均预算内经费能够保证与人均 GDP 同步增长。[①]

---

① 因为笔者个人工作原因，表 4-18 和表 4-19 中未列入 2012 年的数据，但不影响数据的整体分析结果。

表 4-18　我国普通高校生均经费和生均经费指数（2007—2014 年）

年份	生均经费		生均预算内经费		生均预算外经费		生均经费指数	生均预算内经费指数
	绝对值/元	增长率/%	绝对值/元	增长率/%	绝对值/元	增长率/%		
2007	16 320	1.56	6 963	3.89	9 357	−0.11	0.80	0.34
2008	16 971	3.99	7 782	11.76	9 188	−1.81	0.75	0.34
2009	17 732	4.48	8 592	10.41	9 140	−0.52	0.72	0.35
2010	18 870	6.42	9 339	8.69	9 531	4.28	0.67	0.33
2011	21 619	14.57	12 614	35.07	9 006	−5.51	0.69	0.40
2013	21 644	0.12	13 431	6.48	8 213	−8.81	0.60	0.37
2014	21 792	0.68	13 600	1.26	8 192	−0.26	0.57	0.36

注：生均经费数据按 2007 年不变价格计算；原始资料来源于历年《中国教育经费统计年鉴》；计算生均经费指数的人均 GDP 资料来源于《中国统计年鉴 2015》。

（二）我国普通高校经费收入结构的变化

2007—2014 年，我国普通高校经费收入结构的变化情况如表 4-19 所示。根据我国现行的教育经费统计口径，学费是事业收入的一部分。鉴于学费是普通高校经费收入的重要来源之一，而且受到政府、学生家庭和社会各界的普遍关注，表 4-19 单独列出了学费占教育经费总收入的比例。我国普通高校的主要收入来源是国家财政性教育经费和事业收入，其他类型的收入只占很小部分，特别是民办学校中举办者投入和捐赠收入的比例很小。2007—2014 年，国家财政性教育经费的比例从 43.98% 逐年上升到 60.46%。而其他各类经费的比例在此期间几乎都呈逐年下降趋势。此外，财政性教育经费的比例在 2007—2011 年增长明显，但 2011 年之后变化不大（维持在 60% 左右的水平），这一变化趋势与表 4-18 显示的普通高校生均经费的变化趋势基本一致。而事业收入比例在 2007—2011 年下降明显，2011 年之后则基本不变（约为 34%），与表 4-18 显示的生均经费的变化趋势正好相反。由此，我们认为生均经费与财政性教育经费比例之间可能存在正向关系，与事业收入比例可能存在负向关系。

表 4-19　我国普通高校经费收入结构（2007—2014 年）　　单位：%

年份	国家财政性教育经费	民办学校中举办者投入	捐赠收入	事业收入	学费	其他教育经费
2007	43.98	0.88	0.75	46.74	33.66	7.65

续表

年份	国家财政性教育经费	民办学校中举办者投入	捐赠收入	事业收入	学费	其他教育经费
2008	47.59	0.72	0.68	44.28	33.68	6.73
2009	48.75	0.71	0.56	43.46	33.16	6.51
2010	52.78	0.49	0.54	40.32	30.49	5.87
2011	58.48	0.48	0.63	34.89	26.34	5.52
2013	60.14	0.43	0.54	33.69	25.08	5.19
2014	60.46	0.23	0.47	33.92	23.28	4.93

资料来源：历年《中国教育经费统计年鉴》。

三、普通高校经费收入结构对生均经费的影响

（一）模型

基于 2007—2014 年的省级面板数据，我们建立如下模型分析普通高校经费收入结构对生均经费的影响：

$$\ln Y_{it} = \beta_0 + \beta_1 X_{it} + Z_{it} \cdot \gamma + u_{it} \qquad (4-1)$$

在模型 4-1 中，i 代表省/直辖市/自治区，t 代表年份。Y_{it} 代表按 2007 年不变价格计算的普通高校生均经费，因变量 $\ln Y_{it}$ 是 Y_{it} 的自然对数。核心解释变量 X_{it} 代表某一类收入占普通高校教育经费总收入的比例，回归系数 β_1 衡量了该类收入的比例对生均经费的影响。Z_{it} 是控制变量，γ 是控制变量的回归系数。u_{it} 为随机误差项。

在参考相关研究的基础上，我们选择了如下控制变量（Z）：①普通高校在校生人数，用于控制普通高校的绝对规模；②普通高校在校生人数比上一年的增长率，用于控制普通高校的扩招速度；③普通高校生师比，在一定程度上可以控制普通高校的质量，即生师比越大，预期教育质量越差，而且生均经费也越少；④普通高校在校生中研究生的比例，用于控制普通高校学生的学历结构，由于研究生教育成本较高，在研究生比例较高的省份，生均经费也会较多；⑤人均地区生产总值，用于控制地区经济发展水平；⑥财政收入占地区生产总值的比例，用于控制地区财力水平。在最终的模型中，我们只保留了人均

地区生产总值这一控制变量。

（二）数据

本部分使用的数据中，普通高校生均经费和经费收入结构的数据来自历年的《教育经费统计年鉴》，学生数来自历年的《中国教育统计年鉴》，生师比数据和人均地区生产总值数据来自历年的《中国统计年鉴》，财政收入占地区生产总值比例的数据来自《中国财政年鉴2015》。由于西藏自治区的情况特殊，所以本部分的分析不包括西藏自治区。也就是说，本部分使用了除西藏之外的30个省（区、市）7年的省级面板数据。

回归分析中使用的变量的均值描述见表4-20。其中，生均经费和人均地区生产总值是按2007年不变价格折算的数据。可以看出，生均经费和经费收入结构的变化趋势与本节第二部分全国层面数据的变化趋势一致。此外，普通高校在校生数的增长率随年份呈下降趋势，生师比、研究生比例以及财政收入占地区生产总值的比例则呈上升趋势。

表4-20　回归分析中使用变量的均值

比较项	2007年	2008年	2009年	2010年	2011年	2013年	2014年	合计
生均经费/元	15 134	15 786	16 706	18 136	21 296	21 074	21 450	18 512
普通高校在校生数/人	66 5513	713 709	758 904	792 293	821 345	879 860	908 831	791 493
普通高校在校生数增长率	0.088	0.082	0.068	0.049	0.042	0.037	0.037	0.058
普通高校生师比	17.134	17.212	17.222	17.283	17.399	17.540	17.672	17.352
普通高校研究生比例	0.056	0.056	0.059	0.062	0.064	0.067	0.068	0.062
人均地区生产总值/元	22 527	25 068	27 244	31 202	35 012	39 907	41 858	31 831
财政收入占地区生产总值比例	0.139	0.141	0.146	0.151	0.158	0.162	0.162	0.151
普通高校经费收入结构								
国家财政性教育经费	0.454	0.485	0.494	0.528	0.597	0.613	0.620	0.542

续表

比较项	2007 年	2008 年	2009 年	2010 年	2011 年	2013 年	2014 年	合计
民办学校中举办者投入	0.009	0.007	0.007	0.007	0.005	0.004	0.002	0.006
捐赠收入	0.007	0.008	0.004	0.004	0.004	0.004	0.003	0.005
事业收入	0.462	0.443	0.435	0.403	0.343	0.327	0.333	0.392
其他教育经费	0.068	0.057	0.061	0.058	0.052	0.052	0.042	0.056
学费	0.360	0.353	0.345	0.320	0.271	0.255	0.240	0.306
样本数	30	30	30	30	30	30	30	210

注：生均经费和人均地区生产总值按 2007 年不变价格计算。

（三）回归结果

1. 整体回归结果

基于公式 4-1 的回归结果见表 4-21，经过 Hasuman 检验，采用固定效应模型的结果。财政性教育经费比例的回归系数为 0.813（在 0.01 水平上显著），表明在其他因素不变的情况下，如果财政性教育经费比例提高 1 个百分点，将使得普通高校生均经费增加 0.813%。事业收入比例的回归系数为-1.344（在 0.01 水平上显著），表明在其他因素不变的情况下，事业收入比例提高 1 个百分点将使得普通高校生均经费减少 1.344%。学费收入比例对生均经费存在显著负向影响，在其他因素不变的情况下，事业收入比例提高 1 个百分点将使得普通高校生均经费减少 1.819%。而民办学校中举办者投入、捐赠收入以及其他教育经费的比例对生均经费不存在显著影响。考虑到上述 3 类收入的占比很小，我们还计算了民办学校中举办者投入、捐赠收入以及其他教育经费之和占教育经费总收入的比例，称之为"其他收入比例"。表 4-21 中模型 7 的结果显示，其他收入比例对生均经费没有显著影响。

表 4-21　普通高校经费收入结构对生均经费的影响

因变量：生均经费的对数	模型 1	模型 2	模型 3	模型 4	模型 5	模型 6	模型 7
普通高校在校生数（对数）	−0.007 （0.297）	−0.166 （0.264）	−0.136 （0.265）	−0.141 （0.303）	−0.149 （0.253）	−0.257 （0.181）	−0.135 （0.252）

续表

因变量：生均经费的对数	模型 1	模型 2	模型 3	模型 4	模型 5	模型 6	模型 7
普通高校在校生数增长率	−0.243 (0.446)	−0.275 (0.481)	−0.338 (0.503)	−0.220 (0.426)	−0.241 (0.503)	−0.406 (0.411)	−0.273 (0.493)
普通高校生师比	0.010 (0.018)	0.015 (0.019)	0.016 (0.018)	0.003 (0.017)	0.012 (0.020)	−0.003 (0.016)	0.013 (0.019)
普通高校研究生比例	3.070* (1.669)	3.341** (1.587)	3.297** (1.554)	2.635* (1.521)	3.204** (1.505)	2.329** (1.013)	3.191** (1.503)
人均地区生产总值（对数）	0.234** (0.105)	0.489*** (0.142)	0.478*** (0.144)	0.313** (0.154)	0.508*** (0.142)	0.193** (0.092)	0.502*** (0.140)
财政收入占地区生产总值比例	0.014 (0.011)	0.016 (0.011)	0.017 (0.011)	0.012 (0.009)	0.016 (0.010)	0.011 (0.010)	0.016 (0.010)
财政性教育经费比例	0.813*** (0.293)						
民办学校中举办者投入比例		−0.980 (1.211)					
捐赠收入比例			0.879 (1.572)				
事业收入比例				−1.344*** (0.342)			
其他教育经费比例					0.406 (0.248)		
学费比例						−1.819*** (0.361)	
其他收入比例							0.413 (0.265)
常数项	6.277** (2.376)	6.281** (2.395)	5.947** (2.377)	6.871*** (2.340)	5.872** (2.250)	6.627*** (1.963)	5.735** (2.252)
R^2	0.747	0.721	0.722	0.772	0.722	0.798	0.722
样本数	210	210	210	210	210	210	210

注：①表中所列为固定效应模型的回归结果；②"其他收入比例"指民办学校中举办者投入、捐赠收入以及其他教育经费之和占教育经费总收入的比例；③*$p<0.1$，**$p<0.05$，***$p<0.01$；④括号中为稳健标准误。下同。

在控制变量中，普通高校在校生数、在校生数增长率以及财政收入占地区生产总值等几个变量的回归系数符号与预期相符，但不显著。普通高校生师比的回归系数与预期不符，但不显著。研究生占在校生比例对生均经费存在显著正向影响，说明普通高校在校生中研究生所占比例越大，则生均经费越多。人均地区生产总值对生均经费存在显著正向影响，说明普通高校生均经费水平随着地区经济发展程度的增强而提高。

2. 不同年份的回归结果

在本节第二部分发现，普通高校生均经费在 2007—2010 年增长明显，而在 2011—2014 年几乎没有增长。为了考察经费收入结构对生均经费的影响在不同年份之间是否存在差异，我们基于模型 4-1，分两个时间段进行了回归分析，结果见表 4-22。限于篇幅，表 4-22 中仅列出教育经费收入结构变量的回归系数。结果发现，财政性教育经费比例对生均经费的显著正向影响只发生在 2011—2014 年，而 2007—2010 年的影响不显著。同时，事业收入比例对生均经费的显著负向影响也只发生在 2011—2014 年，而 2007—2010 年的影响不显著。只有学费收入比例在两个时间段都对生均经费存在显著负向影响。同样地，其他各种类型的收入比例都对生均经费没有显著影响。这说明财政性教育经费比例的影响只在生均经费增长缓慢的 2011—2014 年存在。

表 4-22　普通高校经费收入结构对生均经费的影响

比较项	2007—2014 年	2007—2010 年	2011—2014 年
财政性教育经费比例	0.813*** (0.293)	0.638 (0.523)	1.146** (0.488)
民办学校中举办者投入比例	−0.980 (1.211)	−1.539 (1.010)	−0.707 (2.210)
捐赠收入比例	0.879 (1.572)	1.466 (1.163)	−2.135 (5.735)
事业收入比例	−1.344*** (0.342)	−1.067 (0.658)	−1.835*** (0.391)
其他教育经费比例	0.406 (0.248)	0.195 (0.470)	0.270 (0.791)
学费比例	−1.819*** (0.361)	−2.109*** (0.502)	−1.984*** (0.485)
其他收入比例	0.413 (0.265)	0.339 (0.362)	0.202 (0.766)
N	210	120	90

注：未列出控制变量的回归系数。

此外，北京和上海的普通高校生均经费最高，是全国平均值的两倍多，而且这两个直辖市都拥有数量众多的中央高校。为了排除这种特殊性对回归结果可能产生的影响，我们使用不含北京和上海的样本进行了回归分析，结果见表4-23。将表4-23与表4-22进行比较，可以发现在分析样本中是否包含北京和上海并不影响分析结果。

表4-23 普通高校经费收入结构对生均经费的影响（不含北京、上海）

比较项	2007—2014 年	2007—2010 年	2011—2014 年
财政性教育经费比例	0.821** （0.311）	0.569 （0.560）	1.308*** （0.471）
民办学校中举办者投入比例	−1.189 （1.198）	−1.264 （0.940）	−1.186 （2.376）
捐赠收入比例	0.825 （1.522）	1.314 （1.139）	−2.804 （5.837）
事业收入比例	−1.285*** （0.339）	−1.023 （0.682）	−1.890*** （0.421）
其他教育经费比例	0.342 （0.299）	0.265 （0.467）	0.006 （0.848）
学费比例	−1.744*** （0.375）	−2.035*** （0.522）	−1.993*** （0.535）
其他收入比例	0.308 （0.311）	0.408 （0.339）	−0.079 （0.827）
N	196	112	84

3. 不同地区的回归分析结果

普通高校经费收入结构对生均经费的影响可能在不同地区之间存在差异，因此我们还使用2007—2014年的数据分三大地区进行了回归分析，结果见表4-24。其中，东部地区包括北京、天津、上海、河北、辽宁、山东、江苏、浙江、福建、广东、海南等11个省（市）；中部地区包括黑龙江、吉林、山西、河南、安徽、湖北、湖南、江西等8个省；西部地区包括内蒙古、重庆、四川、贵州、云南、广西、陕西、宁夏、青海、甘肃、新疆等11个省（区、市）。结合表4-24与表4-22的分析结果来看，无论在哪一个地区，事业收入比例和学费比例对生均经费均存在显著负向影响。而且无论在哪一个地区，财政性教育经费比例对生均经费均存在显著正向影响。但是，从回归系数的数值来看，财政性教育经费比例对生均经费在西部地区的影响大于中部地区，在中部地区的影响大于东部地区。这一结果说明，在经济越落后的地区，财政性教育经费所占比例对生均经费的影响越大。

表 4-24　高校经费收入结构对生均经费的影响（东、中、西部）

比较项	东部	中部	西部
财政性教育经费比例	0.724* （0.365）	1.083** （0.454）	1.925*** （0.416）
民办学校中举办者投入比例	−0.345 （2.725）	−3.167 （1.568）	−0.708 （1.449）
捐赠收入比例	2.933 （2.198）	3.290 （7.444）	0.155 （0.673）
事业收入比例	−1.231* （0.573）	−1.243* （0.544）	−2.287*** （0.219）
其他教育经费比例	0.344 （0.357）	0.173 （0.412）	−0.618 （0.694）
学费比例	−2.094*** （0.575）	−1.272* （−0.345）	−2.453*** （−0.554）
其他收入比例	（0.488） （0.274）	（0.574） （0.609）	（0.703） （0.368）
N	77	56	77

四、国际比较

进行国际比较旨在为判断我国普通高校生均经费和经费收入结构的合理性及发展趋势提供参考。目前，只有 OECD 提供了不同国家高等教育生均经费和经费收入结构的详细统计数据，本研究使用的是 2013 年的数据，出自《教育概览 2016》。本节的国际比较数据主要来自 OECD，少量数据来自联合国教科文组织和世界银行。

表 4-25 显示了 2013 年 OECD 成员国、欧盟国家和我国高等教育生均经费和生均经费指数的比较。对于中国的数据，生均公共经费是指生均预算内经费。从全国总体水平上看，经过购买力平价折算之后，2013 年，我国高等教育生均经费和生均公共经费分别为 7448 美元和 4622 美元，还不及 OECD 成员国和欧盟国家平均值的一半。但是，北京和上海的高等教育生均经费和生均公共经费已经达到 OECD 成员国和欧盟国家的平均水平。如果不包括北京和上海，

那么中国高等教育生均经费与 OECD 成员国和欧盟国家间还有较大差距。

杜鹏和顾昕（2016）的研究发现，2004—2011 年，OECD 成员国的高等教育生均经费指数稳定在 0.4 左右。来自世界银行的数据显示，2001—2012 年，OECD 成员国的高等教育生均公共经费指数稳定在 0.26 左右。这一数据说明，在发达国家，高等教育生均经费指数和生均公共经费指数均已达到一个稳态水平，而且高等教育生均经费与人均 GDP 保持了同步增长。表 4-25 显示，2013 年我国高等教育的生均经费指数和生均公共经费指数分别为 0.60 和 0.37，与发达国家相比，这两项数值是偏高的，单独看北京和上海的生均经费指数也是偏高的。另据 UNSECO 的数据，2014 年生均公共经费指数的世界平均水平为 0.30。我国生均公共经费指数与世界平均水平相比也是偏高的。此外，OECD 的数据还显示，以 2008 年的高等教育生均经费为 100，2010—2013 年，OECD 成员国的高等教育生均经费为 102—105，欧盟国家的高等教育生均经费为 103—106，说明在经济进入稳态增长后，高等教育生均经费将呈现低速增长。

表 4-25　高等教育生均经费和生均经费指数的国际比较（2013 年）

比较项	生均经费 /PPP 美元	生均公共经费 /PPP 美元	生均经费指数	生均公共经费指数
中国	7 448	4 622	0.60	0.37
北京	16 752	10 069	0.62	0.37
上海	14 966	9 317	0.58	0.36
OECD 平均值	15 772	9 719	0.41	0.25
欧盟国家平均值	15 664	10 693	0.40	0.27

注：中国的数据由作者计算得出；国外数据来自 OECD. Education at a Glance 2016. http://www.oecd.org/education/education-at-a-glance-19991487.htm。

表 4-26 呈现了 2013 年高等教育经费收入结构的国际比较，数据显示 2007—2014 年，我国普通高校生均经费指数呈明显下降趋势。结合国际经验，并考虑到我国经济增速变缓的可能性，本书认为我国普通高校生均经费指数下降趋势还将持续。这意味着在未来一段时期，我国高等教育的生均经费可能不会实现快速增长。

对于中国的数据，政府负担比例指财政性教育经费占教育经费总收入的比例，私人负担比例=1−财政性教育经费比例；家庭负担比例指学费占教育经费总收入的比例;其他私人机构负担比例=1-财政性教育经费比例-学费比例。

2013 年,我国高等教育经费的政府负担比例为 60%,低于 OECD 成员国和欧盟国家的平均水平。我国私人负担比例高于发达国家,而且无论是家庭负担比例还是其他私人机构负担比例均高于发达国家。另外,2008—2013 年,OECD 成员国高等教育经费的政府负担比例稳定在 70%—71%,欧盟国家的政府负担比例稳定在 77%—81%。这意味着从国际比较的角度看,提高政府投入在高等教育经费中的比例有其合理性。

表 4-26 还显示,尽管北京和上海的高等教育经费政府负担比例低于欧盟国家平均水平约 10 个百分点,但已经接近 OECD 成员国的平均水平,这些数据意味着对于北京和上海,继续提高高等教育经费政府负担比例的空间已经非常有限。同时,虽然整体而言我国高等教育经费的家庭负担比例为 25%,还高于发达国家,但在北京和上海,家庭负担比例已经低于 OECD 成员国的平均值,可以考虑适当提高高校学费水平。

表 4-26　高等教育经费收入结构的国际比较(2013 年)　　单位:%

比较项	政府负担比例	私人负担比例		
		总计	家庭负担	其他私人机构负担
中国	60	40	25	15
北京	67	33	13	20
上海	66	34	19	15
OECD 平均值	70	30	21	9
欧盟国家平均值	78	22	15	7

注:中国的数据由笔者计算得出;国外数据来自 OECD. Education at a Glance 2016. http://www.oecd.org/education/education-at-a-glance-19991487.htm。

五、主要结论

本节基于 2007—2014 年全国数据和省级数据,采用描述性统计和面板数据回归方法,分析了普通高校经费收入结构对生均经费的影响,并进行了相关的国际比较。主要结论为:①2007—2014 年,我国普通高校生均经费增长缓慢,生均经费指数不断下降;同时,普通高校教育经费总收入中财政性教育经费的比例呈上升趋势,事业收入(包括学费收入)等非财政性教育经费的比例呈下降趋势。②普通高校教育经费收入结构对生均经费水平存在显著影响，表现为财政性教育经费比例的增大有助于生均经费的增长，而事业收入比例和学费收入比例的增大阻碍了生均经费的增长。③普通高校教育经费收入结构对生均经费水平的显著影响，在不同时期和不同地区之间存在差异，换言之，财政性教育经费比例对生均经费水平的影响主要发生在 2011 年之后，而且这种影响在区域间各有不同，即西部地区大于中部地区，中部地区大于东部地区。④国际比较分析表明，除北京和上海等少数地区，我国高等教育生均经费的绝对水平远低于发达国家，但生均经费指数高于发达国家；同时，我国高等教育经费投入中政府投入比例小于发达国家。

第四节　经费投入对地区高等教育规模的影响

近年来，随着我国高等教育规模的不断扩大，社会公众对于高等教育的入学机会也在大幅提高。《2017 年全国教育事业发展统计公报》数据显示，2017年，我国高等教育在学总规模为 3779 万人，高等教育毛入学率达到 45.7%，这一数据在 2019 年达到 51.6%，2020 年达到 54.4%。为进一步提升国民的人力资本水平，满足经济社会发展的需要和居民接受高等教育的需求，我国高等教育规模还应当保持适度增长。在这种背景下，探究高等教育规模的影响因素具有积极的现实意义。显然，充足的经费投入是推动高等教育规模扩张的重要保障之一。因此，研究经费投入与高等教育规模之间的关系对于制定合理的投入政策以推动我国高等教育的可持续发展具有重要的参考价值。

已有一些国内的研究使用我国省级层面的数据，分析了经费投入与高等教育规模之间的关系。例如，张振刚等（2011）基于 1998—2006 年的数据，以普通高校毕业生数衡量高等教育规模，以高等教育财政性教育经费衡量高等教育经费投入，使用静态面板和动态面板模型，发现政府教育经费投入的增加在我国各区域都能引起高等教育规模的增加。张淑惠和王潇潇（2012）基于 2002—2009 年的数据，使用每 10 万居民中接受普通高等教育的学生数衡量高等教育规模，以生均学杂费以及每 10 万居民的高等教育预算内经费收入和高等教育其他收入衡量高等教育经费投入，分别建立高等教育的供给方程和需求方程构成联立方程模型，该研究发现，财政投入每增加 1 个百分点，普通高等教育规模将增加近 0.392 个百分点；而且在影响高等教育供给方面，学费收入和其他收入远没有财政投入来得重要。田丹（2013）基于 2003—2009 年的数据，以高等教育在校生数衡量高等教育规模，以高等教育预算内事业费占公共支出的比例、高校学费占人均可支配收入的比例、高校社会捐赠收入占 GDP 的比例等衡量高等教育经费投入，首先估计出高等教育供需匹配指数，然后估计高教投入对匹配指数的影响，发现学费和国家财政拨款对我国高等教育供需匹配程度都有显著的调节作用。

国外的相关研究主要来自美国。与国内研究不同，国外研究大多关注财政拨款和学费对高等教育入学人数或入学率的影响。其中一些研究使用州层面的数据（Heller，1999；Toutkoushian & Hillman，2012；Trostel，2012），一些研究使用高校层面的数据（Hemelt & Marcotte，2011）。结果都发现，增加财政拨款有助于增加高等教育入学人数或提高入学率，而增加学费会减少高等教育入学人数或降低入学率。

国内外相关研究的共同点是大都使用省（州）级层面的数据。国内相关研究的共同结论是政府投入对高等教育规模的影响更大，但使用的计量模型和估计方法各不相同。国外研究则基于经济学中的消费者理论，认为学费的增加提高了居民接受高等教育的价格，会减少高等教育入学人数或入学率；而政府补贴的提高降低了居民实际支付的高等教育价格，会增加高等教育入学人数或入学率。国外研究多以生均财政拨款和生均学费衡量高等教育投入，并采用加入州固定效应和年份固定效应的混合横截面数据回归方法，结果都证实了理论预期。

本节基于 2007—2016 年我国省级数据，分析经费投入对地区高等教育规模的影响。我们使用了绝对规模和相对规模两类指标衡量高等教育规模，以及使用投入总量和生均投入两类指标衡量经费投入，从而使得分析更为全面和深入。在研究方法方面，我们使用面板数据模型控制了不可观测的省份特征的影响，同时使用了国外研究常用的加入年份固定效应和省份固定效应的普通最小二乘法（ordinary least square，OLS）进行稳健性检验，使得估计结果更为可靠。

一、计量模型

本章从宏观和微观两个层面分析经费投入对地区高等教育规模的影响。从宏观层面上看，一个地区高等教育的规模取决于高等教育的总需求和总供给两个方面的因素。高等教育经费投入总量是影响高等教育供给的最重要因素之一，在其他条件相同的情况下，经费投入总量水平越高，地区高等教育规模应该越大。此外，高等教育的经费投入有不同渠道，包括财政性投入和非财政性投入，不同来源的投入对高等教育规模的影响可能是不同的。影响高等教育总需求的主要因素则包括地方经济发展水平和人口规模，地方经济发展水平越高、人口规模越大，对高等教育的总需求应该越大。

从微观层面看，是否接受高等教育以及接受何种程度的高等教育是个人的一个选择，这一选择受到居民收入水平、失业率和高等教育学费水平等因素的影响。对于个人而言，高等教育经费投入会影响个人对高等教育的需求：一方面，学费水平越高，意味着接受高等教育的价格越高，从而降低其对高等教育的需求；另一方面，政府投入和其他社会机构或个人对高等教育的投入水平越高，意味着个人实际支付的高等教育价格越低，从而增加其对高等教育的需求。同时，居民收入水平的提高会增大个人对高等教育的需求。而在失业率较高的情况下，适龄青年接受高等教育的机会成本较低，因而更有可能上大学。

此外，本章所指的高等教育规模考察的是一个地区高等教育的增量部分（即高校在校生规模），而高等教育的增量与高等教育的存量（即全体人口的学历结构）是相关的，所以在分析中还应该控制地区高等教育的存量。

综上所述，我们使用省级层面的面板数据，建立两类模型考察经费投入对地区高等教育规模的影响。一类模型以经费投入总量为核心解释变量，将其视为影响地区高等教育总供给的主要因素；另一类模型以生均经费投入为核心解释变量，将其视为影响个人高等教育需求的主要因素。

在回归分析中使用的面板数据模型如下：

$$Y_{it} = \delta_0 + X_{it} \cdot \alpha + Z_{it} \cdot \beta + u_{it} \qquad (4\text{-}2)$$

在模型（4-2）中，i 代表省份（省/直辖市/自治区），t 代表年份。因变量

Y_{it} 为衡量高等教育规模状况的某项指标。核心解释变量 X_{it} 是衡量高等教育经费投入的指标，回归系数 α 衡量了经费投入对高等教育规模的影响，是本节关注的重点。Z_{it} 是代表省份特征的控制变量，β 是这些控制变量的回归系数。加入控制变量的目的是控制影响地区高等教育规模的可观测特征，否则有可能导致估计结果产生偏误。δ_0 为常数项，u_{it} 为随机误差项。

二、变量和数据

（一）变量

1. 衡量高等教育规模的变量

参考已有的研究，本节使用两个变量衡量各省份的高等教育规模：①高等教育绝对规模，指高校在校生数（包括专科生、本科生和研究生），遵循研究惯例，在回归中使用的是在校生数的自然对数；②高等教育相对规模，指高校在校生数占该省份全体人口的比例。

2. 衡量高等教育经费投入的变量

根据《中国教育经费统计年鉴》，我国教育经费的指标体系分为教育经费收入、教育经费支出和生均教育经费支出 3 大类。前两者衡量经费投入总量水平，后者衡量生均经费投入水平。为了保持统计口径一致，本节统一使用支出衡量经费投入水平。进一步，高等教育经费支出包括公共财政预算教育经费支出（简称"预算内教育经费支出"）和预算外教育经费支出，前者衡量的是财政性投入，后者衡量的是非财政性投入。相应地，生均教育经费支出包括生均预算内支出和生均预算外支出两部分。

除了使用投入的绝对数量，本节还使用高等教育经费支出占地区生产总值的比例衡量一个省份高等教育经费投入的相对水平。该指标从货币的角度衡量了高等教育在国民经济中的相对地位，剔除了经济发展水平的影响，便于在地区之间进行比较。同时，借鉴世界银行、OECD、联合国教科文组织等国际组织使用的生均经费指数概念，本节使用生均经费支出占人均地区生产总值的比例衡量一个省份高等教育生均投入的相对水平，即该省份基于其支付能力对高等教育的生均投入水平。表 4-27 直观地显示了本节对高等教育经费投入指标的界定。

表 4-27 高等教育经费投入指标的界定

总投入		生均投入	
绝对指标	相对指标	绝对指标	相对指标
教育经费总支出	总支出占 GDP 比例	生均教育经费支出	生均支出占人均 GDP 比例
预算内经费支出	预算内支出占 GDP 比例	生均预算内经费支出	生均预算内支出占人均 GDP 比例
预算外经费支出	预算外支出占 GDP 比例	生均预算外经费支出	生均预算外支出占人均 GDP 比例

需要说明的是，如前文所述，学费水平是影响个体高等教育需求的重要因素。但在《中国教育经费统计年鉴》中，仅提供了生均经费支出的数据而未提供生均学费的数据。我国高校的预算外支出中，大部分来源于学费收入，因此我们认为生均预算外支出在一定程度上可以反映学费水平的高低。

3. 控制变量

第一，本节研究考虑了影响高等教育需求的最主要的两个因素：地方经济发展水平（用人均地区生产总值衡量）和人口规模（用年末常住人口衡量）。

第二，如上所述，回归分析中应该控制地区的高等教育存量。衡量一个地区高等教育存量的理想指标是成年人中大学以上学历人口的比例，如国外相关研究中使用了 25 岁以上人口中学士及以上学位的人口比例。但基于我国的官方统计无法得到类似的数据，所以我们根据可获得的官方统计数据，计算出 6 岁及以上人口中大专及以上学历人口的比例，以衡量各省份高等教育的存量。

第三，本节研究在回归分析中加入人均财政支出衡量地区财政能力，并且加入城镇或农村居民人均可支配收入衡量居民收入水平。结果发现，由于这些变量与人均地区生产总值高度相关，如果同时加入这些变量，会导致分析结果的多重共线性。但是，如果单独加入人均地区生产总值、人均财政支出或居民人均可支配收入，这三个变量回归系数的符号和显著性是相同的。因此，本节研究最终舍弃了人均财政支出和居民人均可支配收入这两个变量。

第四，失业率是影响个体高等教育需求的重要因素。关于失业率，在我国能够获得的官方统计指标是城镇登记失业率。由于仅限于城镇地区，而且统计的是登记失业率，这一指标显然不能全面衡量一个地区的失业率水平。尽管如此，我们尝试了在回归分析中加入城镇登记失业率，结果发现这一变量在所有回归分析中都不显著，因此最终舍弃了失业率这个控制变量。

综上所述，模型（4-2）中的控制变量（Z）包括 3 个变量：人均地区生产总值、年末常住人口、6 岁及以上人口中大专及以上学历人口的比例。

（二）对于研究对象和数据的说明

第一，本节研究只关注普通高等教育。我国高校分为普通高校和成人高校，由于成人高校的性质与普通高校差别较大，相对于普通高校而言，成人高校的学校数、在校生数和经费投入都小很多，已有的相关研究几乎都只以普通高校为研究对象。因此，本节的研究对象亦只限于普通高等教育。

第二，本节分析的时间段是 2007—2016 年。之所以选择从 2007 年开始，主要是因为我国的宏观经济环境、高等教育发展形势和高等教育财政政策等处于不断变化之中，基于更早年份数据得到的分析结果可能不适用于作为未来决策的参考。另外，2016 年是可以获得分地区教育经费数据的较近年份。

第三，为保证经费数据在不同年度之间的可比性，所有货币度量的变量（如总经费、生均经费、人均地区生产总值等）都经过消费价格指数（CPI）的调整，转化为按 2016 年不变价格衡量。

第四，本节使用的高等教育经费收入和支出数据来自历年的《中国教育经费统计年鉴》，高等学校学生数来自历年的《中国教育统计年鉴》，年末常住人口、地区生产总值和人均地区生产总值等数据来自历年的《中国统计年鉴》，6 岁及以上人口中大专及以上学历人口的比例根据历年《中国统计年鉴》的相关数据计算得出。

（三）我国普通高等教育规模和经费投入的基本情况

表 4-28 给出了 2007—2016 年全国普通高等教育规模和经费投入的基本情况。可以看出，在此期间我国高等教育的绝对规模和相对规模都呈现逐年递增的趋势。普通高校在校生数从近 2000 万人增加到 2891 万人，增长了近 45%；普通高校在校生数占总人口的比例从 1.51% 增加到 2.09%，增长了约 38%。

表 4-28　全国普通高等教育规模和经费投入的基本情况

比较项		2007 年	2008 年	2009 年	2010 年	2011 年	2012 年	2013 年	2014 年	2015 年	2016 年
在校生数/万人		1 999	2 144	2 280	2 380	2 467	2 559	2 643	2 730	2 814	2 891
在校生占人口比例/%		1.51	1.61	1.71	1.77	1.83	1.89	1.94	2.00	2.05	2.09
教育经费支出/亿元 [a]	总支出	4 446	4 938	5 464	6 101	7 240	7 996	7 962	8 123	8 872	9 253
	预算内支出	1 590	1 895	2 173	2 494	3 559	4 275	4 102	4 801	5 466	5 590
	预算外支出	2 857	3 044	3 291	3 607	3 682	3 721	3 860	3 323	3 406	3 663
生均教育经费支出/元 [a]	生均总支出	20 751	21 579	22 547	23 993	27 489	29 063	27 520	27 709	30 060	30 505
	生均预算内支出	8 854	9 895	10 925	11 874	16 039	18 482	17 078	17 292	19 143	19 357
	生均预算外支出	11 897	11 683	11 622	12 119	11 451	10 581	10 442	10 417	10 917	11 148
教育经费支出占GDP 比例/%	总支出	1.29	1.29	1.29	1.26	1.33	1.37	1.27	1.22	1.26	1.24
	预算内支出	0.46	0.49	0.51	0.52	0.65	0.73	0.65	0.72	0.78	0.75
	预算外支出	0.83	0.79	0.78	0.75	0.68	0.64	0.61	0.50	0.48	0.49
生均支出占人均GDP 比例/%	生均总支出	79.59	74.51	71.11	66.39	68.00	67.11	59.49	56.76	58.65	56.51
	生均预算内支出	33.96	34.17	34.46	32.86	39.67	42.68	36.92	35.42	37.35	35.86
	生均预算外支出	45.63	40.34	36.65	33.53	28.32	24.43	22.57	21.34	21.30	20.65

a：按 2016 年不变价格计算。

按 2016 年不变价格计算，全国普通高等教育经费总支出从 2007 年的 4446 亿元增加到 2016 年的 9253 亿元，增长了 1.08 倍。其中，预算内支出增长较快而预算外支出增长较慢。2007—2016 年，预算内支出增长了 2.52 倍，预算外支出仅增长了 28%。生均经费支出从 2007 年的 20 751 元增加到 2016 年的 30 505 元，增长了约 47%。其中，生均预算内支出的增长明显，在这 10 年间增长了 1.19 倍，而生均预算外支出则呈下降趋势。

从高等教育经费投入的相对水平来看，教育经费总支出占 GDP 的比例为 1.2%—1.4%，2011 年和 2012 年超过了 1.3%，其余年份稳定在 1.2%—1.3%，说明总体而言，高等教育经费投入总量的增长与经济增长基本保持同步。预算内支出和预算外支出占 GDP 的比例呈现相反的变化趋势，前者有所上升，而后者则逐年递减。生均经费支出占人均 GDP 的比例总体呈下降趋势，从 2007 年的 79.59% 下降到 2016 年的 56.51%，说明高等教育生均投入的增速小于人均 GDP 的增速。生均预算内支出占人均 GDP 的比例在 2007—2012 年有所上升，此后下降。生均预算外支出占人均 GDP 的比例则从 2007 年的 45.63% 减小到 2016 年的 20.65%，呈现明显的下降趋势。

三、回归分析结果

由于西藏自治区的情况特殊，本节基于省级层面数据进行回归分析时，不包括西藏自治区。也就是说，本节的回归分析使用的是 2007—2016 年除西藏之外的 30 个省（区、市）的省级面板数据。下面根据模型（4-2），使用面板数据模型的回归方法分析经费投入对地区高等教育规模的影响。经过 Hasuman 检验，所有回归分析结果都拒绝了固定效应模型和随机效应模型无差异的原假设，故而下文中呈现的都是固定效应模型的回归分析结果。

（一）经费投入总量对地区高等教育规模的影响

表 4-29 显示了经费投入总量对地区高等教育规模的影响。可以看出，经费投入总量对地区高等教育的绝对规模（在校生数）具有显著正向影响，但对地区高等教育的相对规模（在校生数占总人口比例）没有显著影响。就经费投

入总量对地区高等教育绝对规模的影响而言，预算内支出和预算外支出的估计系数分别为 0.049 和 0.107，预算内支出占 GDP 比例和预算外支出占 GDP 比例的估计系数分别为 0.072 和 0.172。显然，预算外支出的影响明显大于预算内支出的影响。

表 4-29 中的数据显示，2007—2016 年，经费投入总量对我国地区高等教育绝对规模的扩张起到了推动作用，而且地区高等教育绝对规模的扩张更依赖于预算外支出，即非财政性投入。如前所述，已有研究发现财政性投入对我国高等教育规模的影响更大，因此本节的发现与已有研究的结论存在不同。我们认为，一个可能的解释是：从收入来源看，我国高等教育经费的非财政性经费主要是事业收入（包括学费），事业收入（特别是学费）与在校学生人数密切相关，而财政性投入与在校学生数的关系相对就会弱一些。例如，我国高等教育的财政拨款实行"基本支出加项目支出"的方式，基本支出与学生规模直接相关，但项目支出与学生规模的关系不那么明显。此外，本节的发现与已有研究不同，可能还有两个原因：①变量选取和估计方法不同，研究结论难以直接比较；②已有研究使用的都是 2010 年之前的数据，未能反映 2010 年之后的情况。

表 4-29 数据还显示，地区经济发展水平（人均地区生产总值）与地区高等教育规模呈显著正相关；地区总人口与地区高等教育的绝对规模呈显著正相关，地区总人口与高等教育的相对规模呈显著负相关；地区高等教育存量（6 岁及以上人口中大专及以上学历人口的比例）与地区高等教育的绝对规模呈显著正相关，但与地区高等教育的相对规模无显著相关关系。

（二）生均经费投入对地区高等教育规模的影响

表 4-30 显示了生均经费投入对地区高等教育规模的影响。可以看出，无论从生均经费投入的绝对水平还是从其相对水平来看，生均总支出和生均预算外支出与地区高等教育规模都不存在显著相关关系。但是，生均预算内支出以及生均预算内支出占 GDP 的比例对地区高等教育的绝对规模和相对规模都呈显著正相关。

表 4-29　高等教育经费投入总量对地区高等教育规模的影响

比较项	绝对规模（因变量：在校生数的对数）				相对规模（因变量：在校生数占总人口比例）			
	模型 1	模型 2	模型 3	模型 4	模型 5	模型 6	模型 7	模型 8
人均地区生产总值（对数）	0.316*** (0.060)	0.388*** (0.072)	0.466*** (0.030)	0.524*** (0.032)	0.694*** (0.128)	0.732*** (0.142)	0.728*** (0.046)	0.749*** (0.054)
年末常住人口（对数）	0.250** (0.123)	0.244** (0.120)	0.363** (0.186)	0.390** (0.178)	-1.211*** (0.391)	-1.166*** (0.385)	-1.149*** (0.358)	-1.098*** (0.334)
大专及以上学历人口比例	0.002* (0.001)	0.002* (0.001)	0.002* (0.001)	0.002* (0.001)	0.001 (0.001)	0.001 (0.001)	0.001 (0.001)	0.001 (0.001)
总支出（对数）	0.144*** (0.049)				0.037 (0.105)			
预算内支出（对数）		0.049** (0.024)				-0.008 (0.067)		
预算外支出（对数）		0.107*** (0.036)				0.032 (0.057)		
总支出占 GDP 比例			0.099** (0.038)				-0.022 (0.079)	
预算内支出占 GDP 比例				0.072** (0.035)				-0.049 (0.097)
预算外支出占 GDP 比例				0.172*** (0.046)				0.005 (0.090)
R^2	0.879	0.879	0.877	0.885	0.840	0.841	0.840	0.841

注：①表中所列为固定效应模型的回归结果。②样本数 $N=300$。③括号中为稳健性标准误（robust standard error）。

表 4-30　生均经费投入对地区高等教育规模的影响

比较项	绝对规模（因变量：在校生数的对数）				相对规模（因变量：在校生数占总人口比例）			
	模型 1	模型 2	模型 3	模型 4	模型 5	模型 6	模型 7	模型 8
人均地区生产总值（对数）	0.464*** (0.050)	0.539*** (0.050)	0.435*** (0.038)	0.493*** (0.055)	0.815*** (0.082)	0.888*** (0.079)	0.666*** (0.050)	0.730*** (0.073)
年末常住人口（对数）	0.338* (0.192)	0.354 (0.190)	0.371* (0.183)	0.328* (0.187)	-1.052*** (0.363)	-1.045*** (0.353)	-1.036*** (0.371)	-1.083*** (0.366)
大专及以上学历人口比例	0.002* (0.001)	0.002* (0.001)	0.002* (0.001)	0.002* (0.001)	0.001 (0.001)	0.001 (0.001)	0.001 (0.001)	0.001 (0.001)
生均总支出（对数）	0.014 (0.056)				0.147 (0.094)			
生均预算内支出（对数）		0.070** (0.033)				0.142*** (0.051)		
生均预算外支出（对数）		-0.056 (0.040)				-0.003 (0.062)		
生均总支出占人均 GDP 比例			0.001 (0.001)				0.002 (0.001)	
生均预算内支出占人均 GDP 比例				0.002** (0.001)				0.003*** (0.001)
生均预算外支出占人均 GDP 比例				-0.001 (0.001)				-0.001 (0.002)
R^2	0.867	0.878	0.868	0.873	0.847	0.852	0.847	0.850

从理论上讲，提高生均预算内支出降低了个人接受高等教育的成本，会激励个人进入高校学习，有利于扩大高等教育规模。本节的发现证实了这一点，也与针对美国的研究结论一致（详见前文的论述）。

学费是高校预算外支出的主要来源之一，按理说生均预算外支出的提高会增加个人接受高等教育的成本，不利于高等教育规模的扩张。针对美国的研究证实了提高生均学费会减少高等教育入学人数或入学率。但是，本节发现我国的地区高等教育规模与生均预算外支出无关。对此，本节认为有两个可能的原因：①我国家庭历来高度重视子女的教育投资，对学费变化的反应不像美国家庭那样敏感；②整体而言，近年来我国高校的学费水平变化幅度不大，不像美国那样经历了大学学费的快速增长。我们使用《中国教育经费统计年鉴》提供的全国普通高校学费收入除以《中国教育统计年鉴》提供的全国普通高校在校生数，粗略地计算出生均学费收入。发现按 2016 年不变价格计算，2007 年全国普通高校生均学费收入为 7779 元，2016 年下降为 7397 元，2007—2016 年经历了先上升后下降的过程，但总体上为 7300—8200 元。由于高等教育规模持续扩张，而生均学费水平基本稳定，因此二者之间不会存在明显的统计关系，导致生均预算外支出与高等教育规模的关系不显著。

（三）稳健性检验

我们做了三组回归以检验上述回归结果的稳健性。限于篇幅，本节仅呈现检验的结论，详细的回归结果备索。

1. 使用加入年份固定效应和省份固定效应的 OLS 回归

如上所述，国外相关研究通常使用加入年份固定效应和省份固定效应的 OLS 回归，来控制时间趋势和不可观测的省份特征的影响。为此我们建立了如下模型：

$$Y_{it} = \delta_0 + X_{it} \cdot \alpha + Z_{it} \cdot \beta + D_i \cdot \gamma + T_t \cdot \theta + u_{it} \qquad (4\text{-}3)$$

在模型（4-3）中，D_i 为一组代表省份的虚拟变量，即省份固定效应，γ 为其回归系数。T_t 为一组代表年份的虚拟变量，即年份固定效应，θ 为其回归系数。其他变量和系数的含义同模型（4-2）。

我们将 2007—2016 年 30 个省（区、市）的数据视为混合横截面数据（pooled cross-sectional data），基于模型（4-3）进行了 OLS 估计，结果发现所有变量的回归系数的符号和显著性与表 4-29、表 4-30 呈现的结果相同。

2. 使用教育经费收入衡量经费投入的总量水平

本节从支出的角度衡量教育经费投入，而《中国教育经费统计年鉴》也提供教育经费收入的数据。我们同样从收入的角度分析了经费投入总量对地区高等教育规模的影响。教育经费收入根据来源分为国家财政性教育经费、民办学校中举办者投入、捐赠收入、事业收入和其他教育经费 5 类，我们将后 4 类收入之和视为非财政性教育经费。基于模型（4-3）的面板数据回归结果与表 4-29 类似：经费收入总量对地区高等教育的绝对规模具有显著正向影响，但对地区高等教育的相对规模没有显著影响；同时，非财政性经费对地区高等教育绝对规模的影响大于财政性经费的影响。

3. 使用不含北京和上海的样本

北京和上海的经济发展水平高，财政能力强，高校的经费投入水平远远高于全国平均值。而且这两个直辖市都拥有数量众多的中央所属高校，高等教育发展明显优于其他省份。为了排除这种特殊性对回归结果可能产生的影响，我们根据模型（4-3），使用不含北京和上海的样本进行了回归分析，研究结论与表 4-29、表 4-30 完全一致。

上述分析表明，表 4-29 和表 4-30 的回归结果具有较好的稳健性。

四、主要结论

本节基于 2007—2016 年我国的省级数据，从投入总量和生均投入两个方面衡量高等教育的经费投入，使用面板数据回归方法，分析了经费投入对地区高等教育绝对规模和相对规模的影响，并进行了稳健性检验。研究发现：①我国高等教育规模实现了稳步增长，财政性投入增长较快而非财政性投入增长缓慢；②经费投入总量对地区高等教育规模具有正向影响，其中非财政性投入的影响更大；③生均财政性投入的提高有助于地区高等教育规模的扩张，而生均非财政性投入与地区高等教育规模不存在显著相关关系。

各年度全国教育事业发展统计公报和教育事业发展规划显示，在未来一段时期，我国高等教育的发展规模还将继续扩张。随着 2019 年我国高等教育迈入普及化阶段，政府对于高等教育则更加注重高质量发展。本节研究发现，增加经费投入总量有助于地区高等教育规模的扩张，因此未来应继续加大对高等教育经费总量的投入。此外，根据表 4-28，2007—2016 年我国高等教育经费支出占 GDP 比例的平均值为 1.28%，2015 年为 1.26%，而 2015 年 OECD 成员国高等教育支出占 GDP 比例的平均值为 1.5%。这说明与发达国家相比，我国高等教育投入占 GDP 的比例偏小，增加高等教育投入尚有空间。

前述分析发现，为了扩大地区高等教育规模，应该提高生均财政性投入。有研究表明，经过 PPP 折算之后，2014 年我国高等教育生均经费为 7338 美元，生均预算内经费为 4700 美元，而 OECD 成员国的平均值分别为 16 843 美元和 10 830 美元。这说明我国高等教育的生均投入水平与发达国家还有较大差距。党的十九大报告中对高等教育发展提出的任务是"加快一流大学和一流学科建设，实现高等教育内涵式发展"，《国家中长期教育改革和发展规划纲要（2010—2020 年）》提出"提高质量是高等教育发展的核心任务"，《中华人民共和国国民经济和社会发展第十四个五年规划和 2035 年远景目标纲要》也将"全面提高教育质量"作为"十四五"时期教育改革发展的主题。由此可见，提高高等教育质量是未来较长时期内我国高等教育发展的主要任务。生均投入是决定高等教育质量的重要因素，因此加大生均财政性投入、进而增加生均总投入，对于提高我国高等教育的质量具有积极的促进作用。

第 五 章

高等教育投入的国际比较

第一节 高等教育投入模式的国际比较

近些年来，随着我国高等教育规模的不断扩大，高等教育的入学机会也在大幅提高。根据教育部官方统计数据，2019 年我国高等教育在学总规模为 4002 万人，毛入学率达到 51.6%。与此同时，高等教育经费投入不断增加，2019 年全国高等教育经费收入已达到 13 464 亿元，占全国各级各类教育经费总投入的 11.99%，为高等教育的发展提供了有力支撑。

充分学习和借鉴其他国家（特别是发达国家）的高等教育投入经验，对于进一步完善我国高等教育投入体制改革和实现我国高等教育的健康可持续发展是非常必要的。已有一些学者就高等教育投入问题开展了国际比较研究。在这些研究中，从研究方法上看，少数研究侧重政策和制度分析（魏建国，2015），但绝大多数研究是基于统计数据进行分析的，特别是进行描述性统计分析。从研究对象上看，限于数据的可获得性，只有少数研究同时使用了发达国家和发展中国家的数据（岳昌君，2010），绝大多数研究使用的是 OECD 成员国的数据。我们发现，大多数现有研究仅限于描述国外高等教育投入的现状和趋势（刘红宇，2011；刘红宇，马陆亭，2011；陈纯槿，郅庭瑾，2017；许长青，2017；晏成步，2017），没有总结出相应的不同模式，进而没有在高等教育投入方面探究出具有普遍性的规律。另一项研究在总结国外公共财政高等教育经费的投入模式时，使用了同样的分类和典型国家案例分析（姚峥嵘，2014）。但上述两项研究只关注了少数几个国家，其结论未必具有代表性，而且使用的是 2008 年之前的数据，未能反映高等教育投入的最新趋势，对于未来我国高等教育投入政策的借鉴意义非常有限。

本书将高等教育投入分为政府投入、家庭投入和社会投入，基于 2005—2015 年 OECD 成员国、俄罗斯以及中国的高等教育投入数据，详细地分析了上述国家高等教育投入的变化，总结出 OECD 成员国高等教育投入的 3 种模式，并从我国的国情出发提出完善我国高等教育投入体制改革的若干建议。

一、概念界定与数据说明

（一）概念界定

在本节中，高等教育投入模式指高等教育投入的来源结构。本章关于高等教育投入的内涵和概念界定同第四章内容，即高等教育投入包括政府投入和非政府投入，在非政府投入中，来自学生及其家庭的直接投入为家庭投入；来自政府和学生家庭之外的其他社会机构或个人的投入为社会投入。

关于我国高等教育经费收入的来源类型同第四章内容，继续参考《中国教育经费统计年鉴》的统计指标，即包含 5 类：国家财政性教育经费、民办学校中举办者投入、捐赠收入、事业收入和其他教育经费。其中，将国家财政性教育经费视为政府投入，将除国家财政性教育经费之外的教育经费收入视为非政府投入。目前在国际上，只有 OECD 每年出版的《教育概览》提供了不同国家高等教育经费的详细统计数据。因此在国际比较中，本书根据《教育概览》的统计指标来界定其他国家高等教育的各类投入。本章节对于各种类型高等教育投入对应的统计指标可参见表 4-1。

（二）数据说明

在本章中，我国高等教育经费的数据均来自历年的《中国教育经费统计年鉴》[①]，其他国家的数据均来自 OECD 历年的《教育概览》[②]。除非特别说

---

① 教育部，国家统计局. 中国教育经费统计年鉴 2006—中国教育经费统计年鉴 2016. 北京：中国统计出版社，2007—2017.

② OECD. Education at a Glance 2008-2018. https://www.oecd.org/edu/education-at-a-glance-19991487.htm/ 2018-09-11/2018-09-12.

明，在下文中引用的数据均为原始数据。本节的分析选择了2005—2015年的数据，因为2015年是能够获得OECD成员国高等教育投入详细数据的较近年份，而2005年之前的数据对未来决策的参考意义相对有限。此外，从2012年开始，在《教育概览》中各个国家高等教育家庭投入和社会投入的数据才比较完整。因此，在涉及家庭投入和社会投入的分析中只有2012—2015年的数据。

截至2018年，OECD共有36个成员国，为保证数据的完整性，我们没有考虑数据缺失严重的希腊、匈牙利、拉脱维亚、立陶宛、卢森堡、瑞士、土耳其等7个国家。同时，在关于家庭投入和社会投入的分析中，由于数据缺失，德国和丹麦不在分析之列。此外，《教育概览》还提供了部分非OECD成员国的高等教育投入数据。其中，俄罗斯的数据最为完整。考虑到俄罗斯是高等教育大国，也是转型国家，与我国国情有较多相似之处，因此在比较分析中单列了对俄罗斯的数据分析。

二、高等教育投入的总体情况

（一）政府投入的总体趋势：2005—2015年

图5-1显示了2005—2015年OECD成员国、俄罗斯和中国政府投入占高等教育投入比例的总体趋势。结果表明，2005—2015年期间，OECD成员国的该项比例基本稳定在70%左右；2007年，俄罗斯的该项比例不到60%，但此后基本稳定在65%左右；2005—2012年，我国该项比例在稳步上升，但自2012年开始稳定在61%左右。近年来，我国政府投入的比例接近俄罗斯，但与OECD成员国的平均水平还有较大的差距。

（二）不同类型投入的总体情况：2012—2015年

图5-2所示为不同类型投入占高等教育投入的比例。2012—2015年，我国家庭投入占高等教育投入的比例略大于OECD成员国平均水平，而社

会投入占高等教育投入的比例明显大于 OECD 成员国平均水平。此外，我国政府投入占高等教育投入的比例略小于俄罗斯，社会投入占高等教育投入的比例略大于俄罗斯，但总体而言，我国高等教育的投入结构与俄罗斯是比较接近的。

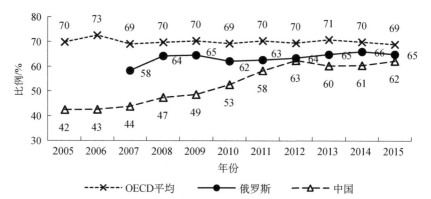

图 5-1　政府投入占高等教育投入比例的总体趋势

注：中国的数据根据《中国教育经费统计年鉴》提供的数据计算得出。

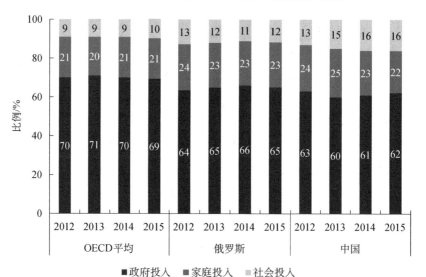

图 5-2　不同类型投入占高等教育投入的比例

注：中国的数据根据历年《中国教育经费统计年鉴》提供的数据计算得出。

三、高等教育投入的不同模式

（一）高等教育投入的三种模式

2005—2015 年不同国家政府投入占高等教育投入的比例如表 5-1 所示。可以看出，国家之间的该项比例存在很大差异，因此不能只分析平均趋势而不关注国别差异。为此，我们基于以下 3 点考虑对高等教育投入模式进行了划分：①国家之间差异较大，如果全面考虑政府投入、家庭投入和社会投入 3 个因素，很难归纳出合理的模式类型，因此仅以政府投入占高等教育投入的比例作为分类依据。②从 2012 年开始，我国财政性教育经费占 GDP 的比例超过了 4%，教育财政体制相对稳定，高等教育投入结构趋于平稳（图 5-2）。而且基于较近年份的国际比较更具有参考价值。因此在划分高等教育投入模式时的依据是 2012—2015 年政府投入比例的平均值（表 5-1 最后一列）。③OECD 成员国的高等教育投入呈现明显的地域特征，结合国家所处的地理区域进行分类有助于体现规律性的特征，也更为直观。

由此，我们将 OECD 成员国的高等教育投入分为 3 种模式。①北欧模式。其特点是政府投入占高等教育投入的比例超过 90%，占据绝对主导的地位。这一模式的国家包括芬兰、挪威、丹麦、冰岛、瑞典等北欧五国以及奥地利。②欧洲大陆模式。其特点是高等教育以政府投入为主，占 60%—90%。表 5-1 所示的欧洲大陆国家中除了奥地利，都属于这一模式，此外还包括北美洲的墨西哥和欧洲的爱尔兰。③非欧洲模式。其特点是高等教育以非政府投入为主，政府投入比例低于或者非常接近 50%。这一模式的国家包括北美洲的美国、加拿大，亚洲的日本、韩国、以色列，大洋洲的澳大利亚、新西兰，南美洲的智利以及欧洲的英国。与刘红宇和马陆亭（2012）的分类模式相比，我们认为本书的分类更具科学性和代表性，而且以地域命名各类模式能够直观地呈现地域差异。

同时，图 5-3 给出 2012—2015 年不同国家 3 类投入的构成情况，以便下文的进一步分析。总体来看，绝大多数国家的非政府投入都是以家庭投入为主，而只有在芬兰、瑞典、捷克的家庭投入比例是低于社会投入比例的。

表 5-1 不同国家政府投入占高等教育投入的比例

单位：%

比较项		2005年	2006年	2007年	2008年	2009年	2010年	2011年	2012年	2013年	2014年	2015年	2012—2015年平均
北欧模式	芬兰	96	96	96	95	96	96	96	96	96	96	97	96
	挪威	97	97	97	97	96	96	96	96	96	96	96	96
	奥地利	93	85	85	85	88	88	87	95	95	94	94	95
	丹麦	97	96	97	96	95	95	95	94	94	95	95	94
	冰岛	91	90	91	92	92	91	91	91	91	91	91	91
	瑞典	89	89	89	89	90	91	90	89	90	89	90	90
	平均	94	92	92	92	93	93	92	94	94	94	94	94
欧洲大陆模式	比利时	91	91	90	90	90	90	90	90	89	88	86	88
	斯洛文尼亚	77	77	77	84	85	85	85	86	87	86	87	87
	德国	85	85	85	85	84	85	85	86	86	86	85	86
	波兰	74	70	71	70	70	71	76	78	80	81	84	81
	爱沙尼亚	70	73	77	79	80	75	80	78	82	85	76	80
	法国	84	84	85	82	83	82	81	80	79	79	80	79
	捷克	81	82	84	79	80	79	81	79	77	76	80	78
	爱尔兰	84	85	85	83	84	81	80	82	78	74	74	77
	斯洛伐克	77	82	76	73	70	70	77	74	76	77	80	77
	荷兰	78	73	72	73	72	72	71	71	70	70	71	70
	墨西哥	69	68	71	70	69	70	67	70	68	71	71	70
	西班牙	78	78	79	79	79	78	77	73	69	68	68	70
	意大利	70	73	70	71	69	68	66	66	67	65	65	66
	葡萄牙	68	67	70	62	71	69	69	54	58	62	68	61
	平均	77	78	78	77	78	77	78	76	76	76	77	76

续表

比较项		2005 年	2006 年	2007 年	2008 年	2009 年	2010 年	2011 年	2012 年	2013 年	2014 年	2015 年	2012—2015 年平均
非欧洲模式	以色列	49	50	52	51	58	54	49	52	50	52	58	53
	新西兰	60	63	66	70	68	66	65	52	52	51	52	52
	加拿大	55	53	57	59	63	57	57	55	52	48	49	51
	英国	67	65	36	35	30	25	30	57	57	28	29	43
	澳大利亚	48	48	44	45	45	46	46	45	42	39	38	41
	美国	35	34	32	37	38	36	35	38	36	35	35	36
	智利	16	16	14	15	23	22	24	35	38	36	32	35
	日本	34	32	32	33	35	34	34	34	35	34	32	34
	韩国	24	23	21	22	26	27	27	29	32	34	36	33
	平均	43	43	40	41	43	41	41	44	44	40	40	42
	俄罗斯			58	64	65	62	63	64	65	66	65	65
	中国	42	43	44	47	49	53	58	63	60	61	62	61

注：中国的数据根据《中国教育经费统计年鉴》提供的数据计算得出；"平均"由计算得出。

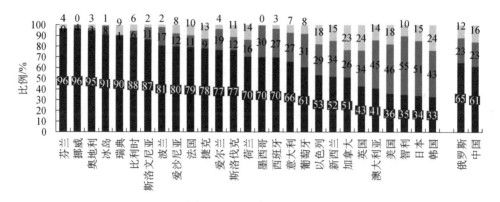

图 5-3　不同国家高等教育 3 类投入所占比例（2012—2015 年平均值）

注：图中数据由作者计算得出。

（二）北欧模式：政府投入占绝对主导地位

在政府投入方面，2005—2015 年，北欧模式包括的 6 个国家政府投入占高等教育投入的平均比例稳定在 92%—94%，2012—2015 年平均为 94%。分国家看，北欧五国政府投入占高等教育投入的比例一直非常稳定。从 2012 年开始，奥地利政府投入占高等教育投入的比例亦稳定在 95%左右。

在非政府投入方面，芬兰和瑞典的非政府投入以社会投入为主，挪威和冰岛的非政府投入则以家庭投入为主，奥地利的家庭投入比例和社会投入比例相当。

（三）欧洲大陆模式：政府投入为主，非政府投入为辅

在政府投入方面，2005—2015 年，欧洲大陆模式包括的 14 个国家政府投入占高等教育投入的平均比例稳定在 76%—78%。2012—2015 年平均为 76%，比 2005—2011 年有所下降。我们不考虑 2015 年人口少于 1000 万的斯洛文尼亚、爱沙尼亚、爱尔兰、斯洛伐克，得到欧洲大陆模式中其余 10 个国家政府投入占高等教育投入比例的变化趋势（图 5-4 和图 5-5）。可以看出，德国和墨西哥政府投入占高等教育的比例比较稳定，葡萄牙政府投入占高等教育的比例波动较大，其他国家则呈现一定的下降趋势。

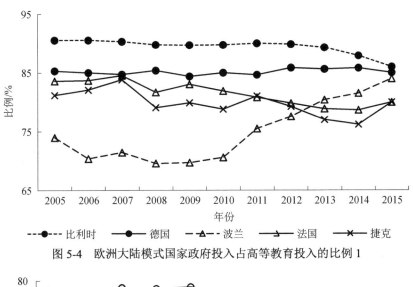

图 5-4 欧洲大陆模式国家政府投入占高等教育投入的比例 1

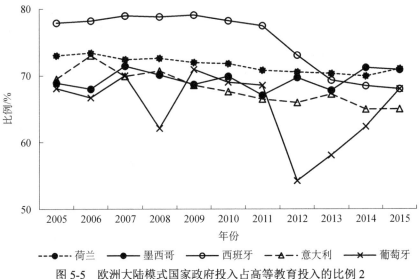

图 5-5 欧洲大陆模式国家政府投入占高等教育投入的比例 2

在非政府投入方面，如图 5-3 所示，法国、斯洛伐克、荷兰的家庭投入比例和社会投入比例比较接近，捷克以社会投入为主，而其他国家都是以家庭投入为主。

2012—2015 年，中国和俄罗斯政府投入占高等教育投入的平均比例分别为 61% 和 65%，高等教育投入接近欧洲大陆模式国家。但与 OECD 的欧洲大陆模式国家相比，中国和俄罗斯的政府投入比例几乎是最小的。从 3 类投入的结构看，中国和俄罗斯与意大利、葡萄牙、荷兰的情形较为接近。

（四）非欧洲模式：非政府投入为主，政府投入为辅

在政府投入方面，2005—2015 年，非欧洲模式包括的 9 个国家政府投入占高等教育投入的平均比例为 40%—44%，2012—2015 年平均为 42%。非欧洲模式国家政府投入占高等教育投入的比例如图 5-6 所示。图 5-6 给出了其中人口最多的美国、日本、英国、韩国、加拿大、澳大利亚等 6 个国家政府投入占高等教育投入的比例变化趋势（这 6 个国家也是高等教育大国）。可以看出，美国和日本政府投入比例比较稳定，加拿大和澳大利亚政府的投入比例呈下降趋势，韩国政府投入比例有所上升，英国政府投入比例则很不稳定。

在非政府投入方面，在这 3 类投入中，以色列、新西兰、加拿大和英国都是政府投入比例最高、家庭投入比例次之，社会投入比例最低；而在美国、日本、韩国、澳大利亚和智利等国的高等教育投入中，家庭投入占据了最大份额，政府投入次之，社会投入最低（图 5-3）。

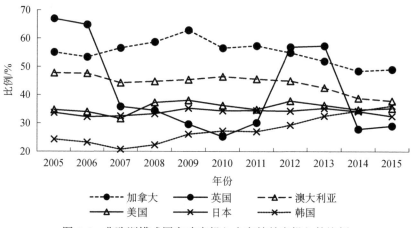

图 5-6　非欧洲模式国家政府投入占高等教育投入的比例

四、主要结论

基于上述分析，①平均而言，OECD 成员国的高等教育投入以政府投

入为主，但在 OECD 成员国内部，高等教育投入模式存在较大差异，可分为政府投入占绝对主导地位的北欧模式、以政府投入为主的欧洲大陆模式和以非政府投入为主的非欧洲模式。②在非政府投入中，绝大多数 OECD 成员国都以家庭投入为主。③近年来，我国高等教育投入以政府投入为主，接近欧洲大陆模式国家。但我国政府投入占高等教育投入的比例小于 OECD 成员国平均值，也小于绝大多数欧洲大陆国家。同时，我国社会投入占高等教育投入的比例较大。④我国高等教育投入模式与俄罗斯相似度较高。

根据以上研究发现，结合我国的实际情况，我们得出以下 3 点启示。

第一，高等教育投入不存在唯一的成功模式，在学习和借鉴国外的成功经验时，必须充分考虑我国的国情。一个国家的高等教育投入模式取决于其历史传统、经济体制、教育制度等多种因素，传统高等教育强国（如美国、英国、日本、德国、法国）的高等教育投入模式存在很大差异。例如，美国和日本高等教育投入的最重要来源是家庭投入，英国高等教育的非政府投入超过了政府投入，而在德国和法国，80%以上的高等教育投入来自政府投入。近十几年来，美国、日本、德国、法国的高等教育投入模式保持了高度的稳定，说明这些国家已经建立起了成熟的、适合本国国情的高等教育投入体制。采用不同高等教育投入模式，并不妨碍这些国家成为高等教育强国。因此，在完善我国高等教育投入体制改革的进程中，不必盲目模仿某个或某些国家的投入模式，而要结合我国的实际情况，寻找适合中国国情的投入模式。目前来看，我国的高等教育投入模式属于欧洲大陆模式，我们应该更加关注这类国家。特别是，从高等教育 3 类投入的结构看，中国和俄罗斯最为接近，与意大利、葡萄牙、荷兰等国也较为接近，学习这些国家的成功经验可能更有助于我国的高等教育投入改革。此外，在 OECD 成员国中，墨西哥是唯一高等教育政府投入比例达到70%的非欧洲国家，其高等教育体制和投入政策也值得深入研究。反之，北欧模式超越了我国国情，可能借鉴意义不大。而非欧洲模式中，尽管有美国、英国、日本、加拿大、澳大利亚、韩国等高等教育大国，但其共同特点是私立高等教育发达，与我国的现实情况相差甚远，因而其高等教育投入体制从整体上来说可能不适宜作为我国的参考。

第二，未来若干年内，我国高等教育经费投入的关键还在于提升政府的投入努力程度，强化政府在高等教育投入中的主导作用。《2017 年全国教育事业发展统计公报》的数据显示，2017 年，我国高等教育在学总规模达 3779 万人，民办高校在校生达 628.57 万人，民办的其他高等教育机构注册学生达 74.47 万人，后两者合计约占全国高等教育在学总规模的 18.6%。由此可见，我国公立高等教育还是占据了高等教育中的绝对主体，根据公共产品理论和成本分担理论等，政府理应在高等教育投入中占据绝对的主导地位。但自 2013 年以来，我国政府投入在高等教育投入中的比例徘徊在 61% 左右，与绝大多数欧洲大陆国家相比是偏低的。相关研究还表明，我国政府高等教育投入占财政支出的比例从 2013 年开始逐年下降，政府对高等教育投入的努力程度逐渐降低（方芳，刘泽云，2018a）。这一分析结果与我国政府在高等教育投入占绝对主导地位的期望是不相匹配的。因此，未来应致力于提升政府对高等教育投入的努力程度，确保政府投入的增长速度快于非政府投入的增长速度，进而实现政府投入所占比例的逐渐增大。

第三，对于政府在高等教育投入中主导作用的强化，并不等同于减少来自非政府财政性的投入。相反，在加强政府作为投入主渠道的同时，还应当完善相关政策以提升来自非政府财政性经费的投入。尽管非政府投入的比例可能会减小，但其绝对水平在提高，由此也可为有效保证高等教育投入的持续增长提供支撑。在家庭投入方面，我们认为适当提高高等学校的学费水平不仅具有合理性，也有其可行性。如前所述，高校学费的制定通常遵循"属地化"管理原则，应根据当地经济发展水平和居民可支配收入水平，结合不同专业的办学成本等因素，制定具有弹性和动态调整的学费标准，实现高等学校学费的适度增长。除个人投入之外，在社会投入方面，应注重打破社会资本进入高等教育领域的瓶颈，完善社会资本投入高等教育的相关机制，吸引更多社会捐赠、高校创收、民办高校投入等非财政性渠道的资金，使其在高校办学中充分发挥积极作用。

第二节　民办高等教育投入的国际比较：
以美国为例

面对日新月异的知识经济时代，世界各国纷纷将高等教育的创新与改革作为重要的发展战略。私立教育作为教育的组成部分，在一国的国民教育体系中占有一席之地，发挥着不可或缺的积极作用。各国政府在肯定私立教育存在意义的基础上，对私立教育机构特别是高水平的私立学校均给予了不同形式的财政支持。本节以美国为例，从"为何"和"如何"两方面阐释了政府对私立高等教育的资助。

一、美国政府为何资助私立高等教育

（一）国情特色

OECD 成员国高等教育多样化发展的路径选择，与其国情密不可分，是相互吻合的。刘红宇和马陆亭（2012）在研究中将所有 OECD 成员国的发展模式归纳为 4 种典型：①以美国、日本为代表的财政投入、社会投入和个人投入都较高的"三高模式"；②以韩国为代表的"以社会投入为主、以政府投入为辅"的"社会主导"模式；③以法国为代表的"政府投入为主的中央集权制"模式；④以丹麦等北欧国家为代表的"国家买单"模式。由于本节研究的重点是政府对民办高等教育的资助模式，因此将第一类型模式国家中的美国作为重点研究对象。

（二）法律依据

美国是一个法律体系较为完备的国家，联邦政府和州政府制定了大量的有关私立高校资助方面的法律法规和政策，并在其发展进程中起到了决定性的保障作用。①政府对非营利性学校实行税收减免制度。根据美国税法规定，任何企业都必须对其各种形式的收入缴纳税款，但为了鼓励企业、慈善机构和个人资助高等教育尤其是私立高等教育，联邦政府和州政府制定的法律规定，凡是向非营利机构捐赠基金、款项、设备和不动产等的机构和个人都可以享受一定比例的所得税优惠。②政府从立法层面保障对学生实行助学金和贷学金制度。例如1958年的《国防教育法》规定，由联邦政府向"非营利的私立学校提供贷款"，该法律极大地促进了私立高等教育的发展；1963年的《高等教育设施法》规定，为公立、私立非营利大学设施建设提供联邦补助金和贷款，促进以自然科学、数学、现代外语和工程学为对象的教学、研究和图书馆建设；1965年的《高等教育法》规定，联邦政府要向公立和私立高校提供长期资助，为需要资助的私立大学学生提供贷款；1972年，美国通过《高等教育法》修正案，首次规定由联邦政府向包括私立高校在内的几乎所有高校不带任何附加条件地提供资助，各私立高校可以自主决定资助经费的使用，并且所有家庭经济困难的学生均可申请联邦资助设立的学生贷款。这些演变中的法律在很大程度上不仅能保障私立高校获得充足的办学经费，还能确保学生获得相应的学费补偿，以顺利完成学业。

（三）发展需求

美国私立高等教育的类型较为多样，伯顿·克拉克（Burton Clark）在对各国高等教育系统进行分类时提出，美国是私立和公立高等院校中存在多重机构类型的典型①。美国高等教育学家盖格（Roger L. Geiger）将私立高等教育的功能主要归结为3点：提供更多的高等教育、提供与众不同或有特色的高等教育以及提供更好的高等教育。不同层次的私立高校都会偏重其中一种职能。美国3种不同层次的私立高等教育也相应地具备不同的职能与特征：两年制高校，数量较少，多数用于普及职业教育，促进地区经济发展的职业教育大多由公立社区学院来承担；四年制高校，私立院校约占此类高校总数的3/4，其中最好的几十所是美国本科教育的精华所在，也是美国高等教育体系的基石和主体；研究型大学中，私立大学的绝对数少于公立大学，然而其学术、科研能力和水

---

① 美国高等教育体系具有两种类型、三个层次的结构：两种类型即公立高校、私立高校；三个层次即两年制高校、四年制高校、研究型大学。

准却远远高于公立大学，此类院校拥有先进的科研设备、最具科研能力的教授和最优秀的学生，社会信誉卓著，为美国培养了许多杰出人才。总的来说，美国私立大学的主要特点是小规模、精英、高质量教育，而直接服务社会的职业教育所占比例极小。

据美国教育部网站数据统计显示，2014—2015 年美国普通高等学校共4627 所，其中公立高校为 1621 所，私立高校为 3006 所，私立高校占高校总数的 65.0%。在私立高校中，非营利高校为 1672 所，占私立高校总数的 55.6%。[①]总体来说，美国现已形成私立教育与公立教育齐头并进的格局，私立高校在美国高等教育体系中占有举足轻重的地位，也为美国经济社会发展提供了大量不同类型和结构的人才。政府作为社会责任的主体，应承担起提供满足民众需求的教育服务职能。

二、美国政府如何资助私立高等教育

（一）美国两种不同类型私立高校筹资模式的对比分析

美国私立高校的经费来源主要包括 4 个类别：学费收入、政府资助、社会捐赠和创收及服务收入，约占总经费来源的 95%。基于美国教育部 2015 年的统计数据，本节对比分析了 2004—2014 年美国非营利性私立高校（以四年制为例）和营利性私立高校教育经费的来源构成情况（表 5-2 和表 5-3）。

表 5-2　美国非营利性私立高校经费来源构成百分比（以四年制为例）

单位：%

年份	学杂费	政府财政经费			社会捐赠	创收及服务收入	其他
		合计	联邦	州及地方			
2004—2005	29.54	15.46	14.06	1.40	11.94	39.40	3.66

---

① https://nces.ed.gov/programs/digest/d16/tables/dt16_317.10.asp. U.S. Department of Education，National Center for Education Statistics，Education Directory，Colleges and Universities，1949-50 through 1965-66；Higher Education General Information Survey（HEGIS），'Institutional Characteristics of Colleges and Universities' surveys，1966-67 through 1985-86；Integrated Postsecondary Education Data System（IPEDS），'Institutional Characteristics Survey'（IPEDS-IC：86-99）；and IPEDS Fall 2000 through Fall 2015，Institutional Characteristics component.（This table was prepared November 2016.）

续表

年份	学杂费	政府财政经费			社会捐赠	创收及服务收入	其他
		合计	联邦	州及地方			
2005—2006	28.98	14.25	12.89	1.36	12.01	40.91	3.85
2006—2007	26.03	12.26	11.07	1.19	11.07	46.58	4.06
2007—2008	36.43	16.22	14.51	1.71	15.07	26.96	5.32
2008—2009	77.75	33.91	30.45	3.46	25.59	−44.95	7.70
2009—2010	33.43	14.88	13.58	1.30	10.68	37.87	3.14
2010—2011	29.00	12.79	11.74	1.05	10.67	43.87	3.67
2011—2012	38.93	16.13	14.92	1.21	13.36	27.06	4.52
2012—2013	32.46	12.70	11.74	0.96	11.05	39.11	4.68
2013—2014	29.58	11.20	10.34	0.86	11.29	43.92	4.01

资料来源：https://nces.ed.gov/programs/digest/d15/tables/dt15_333.40.asp. U.S. Department of Education，National Center for Education Statistics，Integrated Postsecondary Education Data System（IPEDS），"Fall Enrollment Survey"（IPEDS-EF：99）；Spring 2001 through Spring 2007，Enrollment component；Spring 2008 through Spring 2014，Fall Enrollment component；and Spring 2001 through Spring 2015，Finance component. （This table was prepared November 2015.）

表5-3　美国营利性私立高校经费来源构成百分比（以四年制为例）

单位：%

年份	学杂费	政府财政经费			社会捐赠	创收及服务收入	其他
		合计	联邦	州及地方			
2004—2005	91.24	3.52	3.27	0.25	0.06	4.65	0.53
2005—2006	90.15	4.73	4.38	0.35	0.03	4.24	0.85
2006—2007	89.52	4.67	4.33	0.34	0.02	4.52	1.27
2007—2008	88.31	5.54	5.29	0.25	0.02	4.66	1.47
2008—2009	87.76	6.61	6.07	0.54	0.48	4.47	0.69
2009—2010	91.34	7.48	7.14	0.34	0.19	4.08	−3.10
2010—2011	89.83	5.67	5.13	0.54	0.13	3.60	0.76
2011—2012	90.79	4.28	3.95	0.33	0.03	3.50	1.40
2012—2013	90.85	4.47	4.14	0.33	0.06	3.63	0.99
2013—2014	90.70	4.27	3.98	0.29	0.06	3.67	1.31

资料来源：https://nces.ed.gov/programs/digest/d15/tables/dt15_333.55.asp. U.S. Department of Education，National Center for Education Statistics，Integrated Postsecondary Education Data System（IPEDS），"Fall Enrollment Survey"（IPEDS-EF：97-98 through 2003-04）；Spring 2009 through Spring 2014，Fall Enrollment component；and selected years，Spring 2001 through Spring 2015，Finance component. （This table was prepared November 2015.）

根据以上数据不难发现，美国私立高校经费收入结构呈现多元化的特点。在2004—2014年，美国营利性私立高校和非营利性私立高校各经费来源结构所占比重存在较大差异，主要体现在：①营利性私立高校的学杂费占比（90%左右）远高于非营利性私立高校（30%左右），相对于其他项收入来说，营利性私立高校的学杂费收入占据了最大比例。②政府对非营利性私立高校的财政资助力度明显大于营利性私立高校，无论是联邦政府还是州和地方政府，针对两类私立高校的财政投入情况一致。③非营利性私立高校吸引社会捐赠的能力明显强于营利性私立高校，前者的比例维持在12%—17%，而后者最高不超过0.5%，大多数年份只占0.2%左右。对于非营利性私立高校来说，社会捐赠是其较为稳定的一种筹资渠道，这是社会公众基于办学水平、地位声誉、社会认可等方面因素对不同类型私立高校做出捐赠意愿判断的结果。④非营利性私立高校的创收及服务所得收入也远远高于营利性私立高校的该项收入。尽管非营利性私立高校在政府投入、社会捐赠等方面比营利性私立高校更具优势，但不足以缩小两类私立高校学杂费收入占比的较大差距。因此，非营利性私立高校在创收及服务所得收入上也表现出较强的积极性，甚至在个别年份占到总经费的47%。但有时也存在创收"低谷"，如2008—2009学年度该项收入占比呈现负值，致使这一年的学费收入、各级政府拨款和私人捐赠的比例都异常升高。营利性私立高校的该项收入占比在2004—2014年均稳定在5%以下。可见，两类私立高校在办学经费筹措的来源上存在较大区别，因此，对于不同类型私立高校资助的内容和力度，也应基于高校各自的属性特征和现实情况。

（二）美国各级政府资助私立高校的内容和力度

美国财政支持私立高校的经费主要来自联邦、州和地方三级政府，各级政府资助的侧重点不尽相同。

第一，联邦政府对私立高校的资助主要包括学生资助和研究资助这两种类型。

在学生资助方面，联邦政府建立各种助学金计划，如复员军人助学金、院校工读项目教育机会助学金、佩尔助学金等，助学金直接发放到学生手上。此外，联邦银行还向学生提供贷款，如斯塔福贷款（Stafford Loan）①，这类型贷款通常由政府担保、由商业银行提供借贷资金，且根据学生所读年级不同而有相应的限额。

在研究资助方面，联邦政府规定私立高校可与公立高校一样申请政府科研资助。政府向有科研能力的私立高等学校提供有关项目的研究经费，这类资助主要采用直接拨款方式或签订研究合同方式进行。政府资助的直接目的是利用私立高等学校突出的科研实力解决社会问题和民生问题，开展与国家利益相关的研究活动，与此同时，受资助的私立高等学校拥有更多促进学校发展的资金，学校也获得更多机会以保持自身适应国际竞争需要的办学水准。

第二，州政府和地方政府对私立高校的资助主要包括提供学生资助和对私立高校实施税收减免等。

在学生资助方面，除了联邦政府每年提供较多的经费用于学生助学金、奖学金和贷款以外，各州也有较大数量的教育经费用于这项开支。一般情况下，私立大学享受助学金、奖学金和贷款的学生较公立大学多。因此，联邦政府或州政府的资助使得一部分经济并不宽裕的家庭的子女有机会进入私立名牌高校，同时一定程度上保障了私立高校的生源。

在减免税收方面，联邦和州政府为了推动私立高等学校的发展，出台了一系列政府间接资助私立高等学校的法律和政策措施，比如，对于非营利性私立高校，美国联邦政府和州政府实行免税制度，允许其发行免税债券，用于教学的土地、房屋、设备、学费收入等均可享受免税待遇。同时，社会捐赠给学校的财产、基金以及收益用于学校发展的产业可以免税，捐赠的企业或个人可获得良好的社会声誉。这种税收导向有利于社会财富投向私立高等教育，大大增加了私立高校的经费收入。

三、美国政府资助私立高等教育的特点

美国将私立高等教育作为重要组成部分纳入国民教育体系，以帮助其发展，并通过多种方式给予私立高等教育不同程度的公共资源资助，其主要特

---

① 斯塔福贷款即"担保学生贷款"，根据 1965 年颁发的《高等教育法》设立。

点如下。

（一）政府资助的对象以非营利性机构为主

美国政府并不是对所有私立学校都进行资助，对私立教育是否进行资助、资助力度如何，是建立在对私立学校的分类管理基础上的。美国政府资助的前提是私立高校必须为非营利性组织。美国法律规定，营利性教育机构适用《公司法》，虽然获得认证后学生可以获得政府贷款等有关资助，但学校一般不能享受联邦政府和州政府的其他形式资助和优惠政策，且须按章纳税；非营利性教育机构则适用《教育法》，可享受免除收入税的优惠，在美国部分州，非营利机构还可以享受免费公益广告和优惠价格的邮政服务，而且向该类机构的捐赠款均可以抵税。

（二）不同类型的私立高校获得的政府资助不同

虽然美国私立学校的类型多样，但并非每一类都能均等地获得政府资助。美国法律对营利性和非营利性私立高校的界定非常明确：不能将扣除成本后的净收入分配给机构的建立者、捐助者和机构成员的是非营利性机构；不受这一规定限制的则是营利性机构。学界将这一分界称为"禁止分配限制"（non-distribution constraint）。在美国法律上，非营利性质意味着私立高校可以享受多种税收优惠政策，而营利性高校在法人属性上是企业，因此需参照企业进行纳税等。

（三）各级政府资助力度和方式各有侧重

美国各级政府对私立教育财政资助方面的职责不同，因此，各级政府的资助力度与资助内容均有差异。其他国家亦如此。有些国家中央（联邦）政府在私立教育财政资助方面发挥主要作用，有些国家则主要由地方政府来负责；有些国家有全国统一的资助方案，而没有制定统一标准的国家则由地方政府负责，各地资助情况往往很不均衡。在美国，联邦政府与州政府的资助内容也不同，如联邦政府对私立教育的资助主要是馈赠办学土地、就读学生优惠贷款、提供科研项目研究经费，州政府对私立教育的支持则主要是提供科研经费、学生资助和税收优惠。

（四）政府具体资助形式和资助途径多样化

美国对私立教育进行资助的具体形式大致包括财政拨款，以及包括税收调节、学生资助和其他方式在内的间接支持，针对不同的资助形式，均有不同的实现方式。例如，政府通过税收调节的方式支持私立高等教育发展的事例比比皆是，最普遍的做法是让私立大学和公立大学一样享受政府所列举的税收优惠项目，或享受税收减免。针对私立高等教育的举办者或捐赠者进行税收减免在美国也相当普遍。

四、对我国政府资助民办高校发展的启示与借鉴

随着我国《民办教育促进法》的修订、颁行和《国务院关于鼓励社会力量兴办教育促进民办教育健康发展的若干意见》的颁布，对民办高校实施分类注册和分类管理，探索对非营利性和营利性民办高校实行差别化的扶持政策，加强规范管理，提高教育质量，成为今后我国民办高等教育改革发展趋势。借鉴美国私立高等教育政府资助的先进经验和成功做法，对于我国探索政府对民办高校的资助模式和促进民办高等教育发展具有重要的理论价值和现实意义。

（一）结合民办高等教育的属性和作用研究政府资助的依据

美国对于私立高等教育的"私立性"更多地强调其管理控制权由私人部门掌握，在对私立高校进行政府资助时更看重的是私立高等教育所具有的各种"公共性"。因此，在探讨我国政府为何资助民办高等教育时，一方面，应从民办高等教育在我国高等教育体系中的重要地位和贡献出发，对其具体作用进行全面分析；另一方面，应综合考虑民办高等教育在市场经济环境下所具有的教育公益性，通过系统、深入的研究，为中央和地方政府参与民办高等教育的经费筹措过程提供坚实的理论依据。

（二）根据民办高校的性质和特点进行分类管理

美国私立高校的类型多样，政府相应的资助内容和方式也有所不同。从美国资助模式可以看出，通过分类管理，避免了营利性和非营利性私立大学在很多问题上的边界不清和互搭便车的现象，使得它们能够按照各自的组织目标和运营规则并行不悖地发展。不同类型的学校、不同需求的学生、社会和市场各得其所，整个私立高等教育呈现出井然有序、蓬勃发展的景象。

我国要抓住《民办教育促进法》颁行和贯彻落实国务院相关文件精神的契机，扎实推进民办高校的分类管理工作，针对我国财政性教育投入的现状和特点以及民办高校的实际情况，按照"效率优先，兼顾公平"的原则，在对民办高校实施分类管理的基础上，制定非营利性和营利性民办高校的差异化扶持政策体系，推进我国民办高校的健康可持续发展。

（三）明确各级政府对民办高校的财政资助责任

美国政府扶持私立高等教育的经验表明，建立和完善民办高校的财政支持制度，明晰和落实各级政府对民办高校的财政支出责任等，既是值得高度重视的教育政策和教育财政研究课题，也是政府扶持民办高等教育发展的重要制度保障，值得我国结合自己的国情认真地加以借鉴，比如，如何建立科学合理的财政支持制度，健全政府对民办高校进行财政支持的长效机制；如何形成严格规范的制度安排，明确界定各级财政教育资助责任；如何优化制定拨款依据和标准，避免投入的盲目性和随意性；如何制定公开透明的资助申请和评审程序，保证财政投入的竞争性和效率性等。

（四）探索建立多种形式的差异化政府资助制度

政府支持是私立高等教育在美国得以快速发展的重要条件之一，除法律保障、政策扶持以外，美国政府还通过为私立大学提供直接和间接的经济支持来促进私立高等教育的发展。因此，我国在政府财政能力有限的情况下，可以拓宽思路，多维度地构建政府财政资助制度。就资助对象而言，可包括对民办高校和举办者、教师、学生的资助；就资助方式而言，可包括直接的经济支持，以及间接的税收优惠和用地优惠等政策；就资助力度而言，可在基于分类管理的基础上，针对不同类型的民办高校进行不同标准的资助等。此外，为保证有关税收减免和土地优惠等间接资助带来的收入用于发展民办高校的教育事业，政府应当完善对民办高校财务活动实施监督管理的制度规定，以提高资助的有效性。

第三节　美国公立大学经费收入的特征及其启示

高等教育事业的蓬勃发展离不开充足的教育经费。拓展办学经费也成为一所高校、一个地区乃至一个国家得以生存和发展的必不可少的重要资源。教育经费收入来源作为高校教育经费管理中的重要组成部分，不仅是高校实现其工作目标的重要工具，也是高校提高其管理水平的重要手段，更是高校激励广大教职工积极投身教育教学和科学研究的有效途径。

一、美国公立大学经费收入的现状及特征

世界一流大学在发展过程中，经费来源呈现多样化形式，主要包括以下几个方面：政府拨款（appropriations）、学费收入（tuition and fees）、捐赠收入（private gifts, grants and contracts income）、附属机构（医院或企业）收入（sales and services of auxiliary enterprises）、投资收入（investment income）及其他收入（other revenues and additions）。充足的经费来源是保证一流大学正常发展的关键因素，更有利于集中发展办学特色、创建大学自身独有的品牌。根据美国教育部网站的官方统计，我们针对美国四年制公立高校的收入来源进行了相关分析，结果如表 5-4 和表 5-5 所示。

表 5-4　美国四年制公立高校收入来源情况　　单位：千美元

年份	总收入	学费收入	政府拨款	捐赠收入	附属机构收入	投资收入	其他收入
2007—2008	223 530 092	40 083 063	61 998 242	43 104 077	57 978 439	6 203 557	14 162 714
2010—2011	266 688 058	51 046 786	65 649 166	48 742 637	68 666 245	19 843 311	12 739 913
2014—2015	290 239 686	64 152 076	67 707 102	50 829 098	86 537 769	5 658 952	15 354 689
2015—2016	308 813 202	67 533 647	70 473 343	52 794 006	93 429 023	8 438 173	16 145 010
2016—2017	335 175 388	70 090 665	72 876 800	54 242 367	99 262 552	22 042 586	16 660 418
2017—2018	353 195 724	72 453 183	78 972 050	56 813 922	104 716 835	23 224 777	17 014 957

资料来源：https://nces.ed.gov/programs/digest/d19/tables/dt19_333.10.asp. U.S. Department of Education，National Center for Education Statistics，Integrated Postsecondary Education Data System（IPEDS），Spring 2008 through Spring 2018，Fall Enrollment component；and Spring 2009 through Spring 2019，Finance component.

表 5-5　美国四年制公立高校各项收入占总收入的比例　　单位：%

年份	学费收入	政府拨款	捐赠收入	附属机构收入	投资收入	其他收入
2007—2008	17.93	27.74	19.28	25.94	2.78	6.34
2010—2011	19.14	24.62	18.28	25.75	7.44	4.78
2014—2015	22.10	23.33	17.51	29.82	1.95	5.29
2015—2016	21.87	22.82	17.10	30.25	2.73	5.23
2016—2017	20.91	21.74	16.18	29.62	6.58	4.97
2017—2018	20.51	22.36	16.09	29.65	6.58	4.82

资料来源：https://nces.ed.gov/programs/digest/d19/tables/dt19_333.10.asp. U.S. Department of Education，National Center for Education Statistics，Integrated Postsecondary Education Data System（IPEDS），Spring 2008 through Spring 2018，Fall Enrollment component；and Spring 2009 through Spring 2019，Finance component.

2007—2018 年，美国四年制公立高校的经费收入从 2235.3 亿美元增长到 3531.9 亿美元，增长了 58.0%，实现了稳步上升；学费收入、政府拨款、捐赠收入、附属机构收入、投资收入和其他收入的增长幅度分别为 80.7%、27.4%、31.8%、80.6%、274.4% 和 20.1%。从表 5-5 中不难发现，学费收入的增长幅度最大，其他收入的增长幅度最小，从这段时间的"投资收入"的变化趋势来看，高校通过投资收入获得经费的随意性较强。此外，在各项收入占年度总收入的比例来看，附属机构收入所占的比例通常为 25%—30%，也是所有经费来源中所占比例最大的一项，其次是政府拨款，历年数据均在 21% 以上，紧接着是学费收入和捐赠收入，比例保持在 17%—22% 和 16%—19%。投资收入是所有收入来源中所占比例最小的，也说明，正是因为投资收入是美国高校所有收入来源中最不稳定的部分，一定时期内的极差较大，所以高校通常不会将其视为最主要的经费筹措渠道，而会积极关注其他渠道的经费收入，确保高校拥有充足的办学经费，以维持其健康可持续发展。

（一）政府拨款

美国宪法规定，联邦政府在法律上和实际上对高等学校均没有直接的管辖权。但这并不意味着它对高等教育的发展不负有任何责任，或不施加任何影响。相反，联邦政府历来，特别是第二次世界大战以来愈益通过立法和经济等手段加强对高等教育的调控，正如美国著名教育家克拉克·克尔（Clark Kerr，2019）曾指出，"形成美国现代大学体系的两个最主要的因素都来自联邦政府：第一次是 1862 年后由莫里尔法案推动的增地运动，使得美国现代公立大学体系开始形成；第二次是始于第二次世界大战期间的联邦政府大力资助大学从事科学研究的运动"。政府资助是指联邦、州、地方三级政府共同承担和分担教育经费，这是美国地方分权政体决定的教育基本模式。

1. 联邦政府对高校的资助

美国宪法制定者并未针对教育赋予中央政府特定的责任，但是，联邦政府对美国高等教育的影响却很深远。在 300 多年的发展历程中，美国找到了一种适合自己社会制度和经济制度的发展高等教育的机制——在市场竞争的基础上实施国家干预。高等教育的发展当然也不例外。但是，美国政府也认识到，如果完全听任市场供求来左右高等教育的发展，则有可能危及国家利益。因此，联邦政府在保持维护高校市场竞争体制的前提下，确立了以立法拨款和科研拨款来干预高等教育的途径。联邦政府通过法令和合同形式明确规定拨款的用途以及获得拨款的条件，从而为高等教育发展提供经费保障。从 19 世纪的赠地建校到 20 世纪所实施的学生贷款，以及补助大学研究发展的政策中，可以看出联邦政府一直主动积极地资助高等教育以适应国家不同的需求。

在直接补助学生以及研究与发展上，联邦政府的补助经费比各州政府、工业界及其他企业团体的赞助款要多。一是联邦政府对高校研究的赞助。联邦政府在对大学研究与发展和对大学科学方面的支出比在学生方面的补助要早。二是联邦政府对大学生的赞助。联邦政府的学生资助活动开始于 1944 年通过的《军人再调整法案》（Servicemen's Readjustment Act，也称《退伍军人权利法案》，即 G. I. Bill）（魏建国，2008）。自 1944 年该法案通过，联邦政府对大学生的补助已成功地改变了美国社会民众接受高等教育的机会，从而使上大学成为从精英分子参与到人人可参与的活动。国会通过该法案奖励在冷战时期有功的退伍军人，并为二战中的大批退伍军人提供接受高等教育的机会及资助。联邦政府为经济困难学生提供了联邦佩尔助学金（Pell Grant），取名源于 1972 年《高等教育法修订案》设立的基本经济机会助学金更名而来的佩尔助学金（后更名为佩尔助学金），通常提供给那些没有获得学士学位或职业学位的本科生。

2. 州政府对高校的资助

在美国，联邦政府关于高等教育的政策、法令、措施，往往是经由州一级的折射而反映到大学中去的。州政府是州立大学教育经费的主要提供者。近年来美国可授予学位的不同类型的高校分布情况如表 5-6。以 2018—2019 学年的数据为例，美国可授予学位的高校共有 3660 所，其中私立高校的数量为 2060 所，占全国可授予学位高校的 56.28%。然而，从美国可授予学位不同类型高校的学生分布情况来看[①]，2018—2019 学年，美国公立高校的在校生人数为 14 529 264 人，私立高校的在校生人数为 5 116 654 人（表 5-7），可见，有 73.96% 的学生选择在公立高校就读。公立高校的人才培养规模更大，任务更艰巨，其经费需求也应更为庞大。

---

① U.S. Department of Education，National Center for Education Statistics，Integrated Postsecondary Education Data System（IPEDS），Spring 2019，Fall Enrollment component.（This table was prepared September 2019.）

表 5-6　美国可授予学位不同类型高校的分布情况　　　单位：所

年份	四年制				两年制			
	公立高校	私立高校			公立高校	私立高校		
		小计	非营利性	营利性		小计	非营利性	营利性
2000—2001	580	1460	1250	210	1070	620	140	480
2012—2013	650	1960	1250	710	930	760	100	660
2018—2019	730	1600	1300	300	870	460	80	380

资料来源：https://nces.ed.gov/programs/digest/d19/tables/dt19_317.10.asp. U.S. Department of Education，National Center for Education Statistics，Education Directory，Colleges and Universities，1949-50 through 1965-66；Higher Education General Information Survey（HEGIS），"Institutional Characteristics of Colleges and Universities"surveys，1966-67 through 1985-86；Integrated Postsecondary Education Data System（IPEDS），"Institutional Characteristics Survey"（IPEDS-IC：86-99）；and IPEDS Fall 2000 through Fall 2018，Institutional Characteristics component.（This table was prepared September 2019.）

表 5-7　2018—2019 学年美国可授予学位不同类型高校的学生人数分布情况

单位：人

高校类型		四年制	两年制	合计
公立高校		8 982 560	5 546 704	14 529 264
私立高校	非营利性	4 089 090	45 154	4 134 244
	营利性	829 060	153 350	982 410

资料来源：https://nces.ed.gov/programs/digest/d19/tables/dt19_303.25.asp. U.S. Department of Education，National Center for Education Statistics，Integrated Postsecondary Education Data System（IPEDS），Spring 2019，Fall Enrollment component.（This table was prepared September 2019.）

　　美国公立高等学校的经费绝大部分来自州政府和地方政府。联邦、州和地方政府对教育的拨款大多来自政府预算，即来自政府日常收入所依赖的各种税收，主要包括个人所得税、消费税和财产税。前两种税收是州政府一级支持教育的主要经费来源，财产税是地方政府支持教育的主要经费来源。美国各州分权而治，各州的经济增长和历史文化的差异以及贫富差距都相当大，因此各州对高等教育拨款都立足本州实际。财力雄厚且对高等教育发展重视的州一般拨款较多，财力薄弱的州对高等教育的拨款力度则量力而行。美国各州的高等教育拨款无论在总量上还是在比例上，都难有规律可循，而且差距巨大，突出反映了美国高等教育是以州为管理，以及统筹核心和拨款的分权化特征。美国政府这一分权管理的制度以及各级政府明晰的责任边界，使州政府在教育经费的筹措、管理和使用上具有直接的职责和权限，而联邦政府的投入则仅仅是一种辅助。

各州的高等教育财政拨款制度体现出多元化的特点，没有哪两个州采用完全相同的拨款方式，进而使得美国高等教育的拨款模式也呈现出多样化的特点，但也存在共同之处，其共同之处就在于各州的高等教育拨款必须经过立法机构批准才能实施。总的来说，美国高校专项经费拨款模式包括 4 种类型：增量拨款、公式拨款、合同拨款和绩效拨款。

一是增量拨款。该拨款模式的基本假定是，高校上一年度所从事的教学、科研等活动以及预算分配和支出都是合理的和有价值的，因此增加的款项主要考虑规模的扩大部分（如招生）。该模式的局限性主要体现在：①没有参照对象时，一个增量并不能反映经费是否充分，即增量拨款不能考虑拨款对象的实际需要；②增量拨款与分项目的预算拨款，容易导致学校管理僵化，学校缺乏提高现有资源的使用效率的动力，也无法运用财政手段调整专业设置等活动；③如果政府财政一旦削减或不增加经费，拨款与教育需求的矛盾就会相当突出。

二是公式拨款。公式拨款即拨款时采用大量的数学公式，以精确地衡量各项拨款以及拨款数额。作为美国各州使用最为广泛的一种拨款方式，经过发展，公式拨款已日趋完善、成熟且具有地方特色。根据公式使用的特点，美国各州使用大体类似的公式进行预算，需要加以区分的是公式中所考虑的因素应充分考虑地方的个性化特点，同时公式的复杂程度也略有不同。

三是合同拨款。合同拨款在大学科研经费拨款方面的应用已有相当长的历史，为了有效分配有限的科研经费，政府拨款机构普遍采用招标和合同拨款的方式。合同拨款不仅仅局限于科研经费拨款，也适用于教学、基建、设施设备等高校专项经费的分配。合同拨款可以使大学之间产生一定的竞争，进而提高资源利用效率，不仅有利于扩大高校的自主权，也可以保证政府有效管理和协调整个大学系统目标的实现。合同拨款是对高校公式拨款的一种补充。

四是绩效拨款。绩效拨款是通过衡量大学的办学、科研等方面的绩效，决定拨款的方向与数量的一种拨款方式。大学的绩效评估得分高，获得的拨款可能就越多，反之则越少。这一拨款模式的优点在于全面考虑高校的办学效益，将拨款额度与办学效益挂钩。这种注重效益的拨款方法使得任何大学在绩效面前的竞争都是平等的，一切取决于绩效。这种拨款方式有利于政府教育资源的合理分配和有效使用，更对大学的发展起到了强有力的督促和促进作用，有利于鼓励高校降低成本、重视教学质量和科研质量，提高"生产率"，从而提高高校的整体价值。

（二）学生学费

一般来说，高校收费主要遵循"利益获得"和"能力支付"原则。学费定价与学生资助体系同步进行。同时，政府和高等教育机构为大学生提供了包括助学贷款、减免学费与生活费、学习补助以及不同形式奖学金等多种类型的资助。众所周知，美国的高等教育办学体制是公私立并存，但以私立高校为主，在其办学经费中，学生的学费占据了相当大的份额。自20世纪70年代以来，所有高校的经费来源中，学费越来越呈现出上涨的趋势。

美国的高等教育经费筹措在世界各国中最接近市场模式，实行多渠道经费筹措机制和模式。传统上发达的美国私立高等教育的运行经费主要依靠学费。20世纪，特别是二战以来，美国公立高等教育发展迅猛，公立高校虽主要依赖政府的财政拨款，但也在一定程度上依赖学费。二战后的30年间，美国公立高校的收费是较低的。20世纪70年代，美国高等学校的学杂费变化不大。20世纪80年代以来，由于美国政府推行高等教育市场化和私有化取向政策，高等教育公共经费大幅减少，使得许多公立高校提高收费额度。

随着高等教育成本的快速上升，无论是公共事业经费、劳动力市场中教师成本的提升还是激烈的竞争压力，都使高校不得不积极地改善其服务质量，不断更新硬件设施，提高教师待遇，以期形成良好的社会声誉，在竞争中处于有利地位。还有很多高校提供了广泛的课程和服务来吸引学生，甚至雇佣大量有经验的管理人员通过改善对学生的管理来提高自己的服务质量，这些都需要大幅提升经费投入，从而加大了教育成本。

美国高校学费收取的特征如下。

一是不同学科、层次和类型的高等院校实行不同的学费标准。随着市场化属性在美国高等教育中的愈加凸显，由于市场的介入，美国高等教育体系不仅大力发展私立大学和公立大学，还积极发展社会学院，以提供更多类型、层次的高校收费标准供学生及其家庭选择。通常来说，私立高校的学费要高于公立高校，名牌大学的学费要高于非名牌大学，即使同一所大学，不同学科专业之间的收费也存在差别。

二是不同生源地的学生收取的学费标准不同。美国高校对外州学生所收的学费要高于本州学生。美国公立高校和私立高校的收费标准也有所差别。一般来说，州所属的公立学校较多地依靠政府拨款，私立学校靠各种社会或个人捐助。公立高校一般为州立高校，本州居民的学费比外州学生低，因为州立高校的资金主要来自州政府拨款，而州政府资金来源于本州居民缴纳的州税。以密歇根大学安娜堡分校 2020—2021 学年的学费为例，本州生学费为 15 945 美元/年，外州生为 52 263 美元/年。

三是依据学分进行差别收费。学分制是一种以学分为计量单位衡量学生学业完成状况的教学管理制度。以学分制为导向后，美国高校学生的学费与学分直接挂钩，各高校按照注册的学分收取学费，如学生某门课程没有通过，则要补修和重新注册学分，而重新注册学分则要多付一定的费用。由此，学生对学习的安排是否恰当、学生的努力程度都与学费的多少有直接的联系。因此，美国高校学生通常会根据各自的经济承受能力和经历，自行选修课程和专业，决定是攻读一个学位还是两个学位，是提前毕业还是推迟毕业。

（三）社会捐赠

获取社会捐赠已成为美国高校经费来源的重要途径之一。美国高校为募得更多的捐赠，纷纷建立募款机构，募款方式和渠道自成体系，募款活动也走上了制度化、规范化的道路。美国高校采用一套灵活的捐赠方式，以多渠道、多形式地吸引捐赠，主要包括：现金，有价证券、不动产等形式的非现金，延后捐赠和遗赠等。表 5-8 显示了 2018—2019 年度美国高校接受不同渠道捐赠的来源及其支出用途。

表 5-8　美国高校接受各种捐赠的来源与支出用途

捐赠主体/支出用途		2018 年		2019 年		2018—2019 年增长率	
		共计/亿美元	占比/%	共计/亿美元	占例/%	名义增长率/%	实际增长率（调整价格）/%
来源	校友	121.54	26.0	112.00	22.6	−7.9	−10.1
	非校友个体	85.67	18.3	83.00	16.7	−3.1	−5.5
	基金会	140.10	30.0	170.00	34.3	21.3	18.4
	企业	67.32	14.4	68.00	13.7	1.0	−1.4
	其他组织	52.66	11.3	63.00	12.7	19.6	16.7
	总计	467.29	100	496.00	100	6.1	3.6
用途	公共支出	274.00	58.6	285.00	57.5	4.0	1.5
	资本性支出	193.30	41.4	211.00	42.5	9.2	6.5

资料来源：Council for Advancement and Support of Education. https://www.case.org/resources/voluntary-support-education-key-findings-2018-19. [2021-05-21]

一是基金会。从卡内基到洛克菲勒，从福特到凯洛格，从索罗斯到比尔与梅琳达的各大基金会的影响进入每一个美国人的生活当中，基金会已经成为现代富豪理财的重要方式。在美国，教育、医疗卫生和自然科学研究是基金会资助的重点。慈善基金会的资助极大地促进了美国高等教育的发展，它不是维持高等教育的现状，也不支持临时性的措施，而是支持高等教育的改革和实验。

二是校友。校友是高校的一笔巨大的财富，校友对母校通常怀有一种浓厚的感情。校友捐赠，主要是毕业生出于对母校的一种报答和对办学理念的支持。校友捐赠一向是美国大学捐赠收入的主要来源，在社会对高校的捐赠总额中占有很大比例。近几年来美国大学校友捐赠数额庞大，比例达到高校捐赠总额的 20% 以上。如此巨大的捐赠热情和强劲的实力推动了高校的进一步发展，为美国大学在世界范围内继续保持高等教育的领先地位贡献了力量，凭借对学校的深厚感情，校友们用实际行动回报母校。

表 5-9 对比了 2016 年美国获得社会捐赠前 15 名公立高校和私立高校（非营利性）的名单和受捐额度。

表 5-9　2016 年美国获得社会捐赠前 15 名的高校名单　　单位：千美元

公立高校			私立高校（非营利性）		
排名	高校	总额	排名	高校	总额
1	加州大学旧金山分校	595 940	1	哈佛大学	1 187 530
2	华盛顿大学	541 444	2	斯坦福大学	951 149
3	加州大学洛杉矶分校	498 800	3	南加州大学	666 640
4	密歇根大学	433 775	4	约翰霍普金斯大学	657 292
5	俄亥俄州立大学	386 111	5	康奈尔大学	588 261
6	印第安纳大学	360 935	6	哥伦比亚大学	584 808
7	加州大学伯克利分校	348 865	7	宾夕法尼亚大学	541 850
8	德克萨斯大学奥斯汀分校	345 991	8	耶鲁大学	519 146
9	明尼苏达大学	345 660	9	杜克大学	506 440
10	俄克拉荷马大学诺曼分校	322 435	10	纽约大学	461 149
11	威斯康辛大学麦迪逊分校	318 828	11	芝加哥大学	443 304
12	北卡罗来纳大学教堂山分校	308 694	12	马萨诸塞州理工学院	419 752
13	科罗拉多大学	281 481	13	西北大学	401 679
14	得克萨斯州 A&M 系统大学	276 474	14	圣母大学	371 762
15	弗吉尼亚大学	245 391	15	华盛顿大学圣路易斯分校	269 876

资料来源：Voluntary Support of Education Survey，Council for Aid to Education（2016）. https:// cae.org/vse-data-miner/vse-survey. [2021-05-21].

　　三是企业。美国很多成功的企业家都是名副其实的慈善家。评价一个企业的成功，不但是实现超额的利润，还要考量企业对社会的贡献。而企业捐赠行为的持久性不仅来自企业慈善和承担社会责任的公益捐赠理念，现代公司的社会捐赠行为更多与企业的发展战略紧密结合，体现了公司法人的经营特征。现代大学的科研成果与公司企业的生产能力密切相关。公司企业为在激烈的市场竞争中赢得生存下去的机会和地位，必然寻求大学科研的支持。同样，大学为解决自身在科研中存在的资金不足等问题，也主动寻求公司企业的合作和资金支持。企业的资金一般捐给与本公司发展有关的领域，或者友好捐赠给周边学校，是企业建立友好关系的一种渠道。

　　四是其他组织。比如，美国殖民地初期的高校以培养教派的教士为主要任务，教会和信仰宗教的个人是主要的捐赠者。正是由于各教派大力捐资兴办学校，美国近代的高等教育才得以诞生。到现代社会，宗教组织资助高等教育的传统一直延续，对宗教的信仰与传播促进了高校与捐赠主体的情感联系。

（四）销售与社会服务收入

办现代大学耗资大，政府拨款、学费收入、社会捐赠收入已不能满足学校的需求，迫使学校必须面向企业和社会其他部门。美国大学本来就与社会经济发展有着密切的联系，对社会经济的发展起着巨大的推进作用。这是美国高等教育非常重要的一个特点。正因如此，它必定得到一定的报酬，这种报酬也当然成为美国大学经费非常重要的一项来源。美国高校"销售与服务收入"明显高于其他国家。为寻求支持，美国世界一流大学将实现学术抱负和占领市场有机结合，作为发展的动力。德国《明镜》周刊在《这里创造未来》一文中说："麻省理工是美国最富创造力的发明家大学，激励麻省理工师生不断向前的是由学术抱负、先锋精神和企业家欲望混合而成的校风。"（转引自王龙，2006）实践使越来越多的高等学校逐步认识到，把科研成果转化为生产力的能力和贡献已成为衡量自身发展水平的重要标志。许多大学在制定面向 21 世纪提高学术水平和教育质量的发展战略时，也都把转化科技成果作为一项重要内容。美国大学的科技成果转化之所以领先，这与美国的科技园区的建立有着密切的关系。许多高校的实验室与产业界合作，直接从事产品的开发和生产，以寻求较高的利润。美国高等学校实验室与产业界的合作，不仅比出售科研专利获得更多的经济收入，还锻炼和提高了大学的科研队伍，促进了高校的教学和科研发展；不仅加速了美国产业界技术人员技术的提高，推动了美国产业界的发展，还为高校获得了可观的经济收入。

一是科技成果转化收入。由于高校与企业界的密切合作，美国科技界的转化率相当高。美国科技成果转化和新产品开发的资金主要来源于企业自筹和银行贷款。美国非常重视对科技成果转化与产品开发的投入，越是高新技术产业，投入越大。美国高校实用技术的开发与研究费用的相当部分来自企业资助。政府对科技成果转化的作用主要通过各种法律与政策实现，如《联邦技术转移法》《美国专利法》等。

二是教育公司上市收入。美国教育界与商业界的紧密结合使美国出现了大量的教育上市公司。高效率的资本市场为教育注入了活力，成为高校发展的重要经济来源。

三是提供教育服务获得的收入。提供教育服务也为美国高校带来可观的经济效益。服务贸易有 4 种提供方式：跨境交付、境外消费、在服务国商业存在和自然人流动。除了以远程教育为基础的跨国支付、以吸引海外学生为基础的境外消费、以个人参与为基础的自然人流动等形式外，各高校还积极谋求在服务国的商业存在。随着世界各国到美国留学人数的剧增，招收外国留学生也成为美国高等学校缓解办学经费紧缺的一个重要举措。近年来，美国高等学校招生人员的足迹遍及各地，他们像推销产品一样推销美国的高等教育。许多高校还制订了招收外国留学生的计划和目标。美国是吸引留学生最多的国家，留美学生人数的剧增为美国高等学校带来了可观的经济收入。同时，美国广播电视和互联网技术发达，又较早启动了以高资金、高技术投入为基础的信息高速公路，因此在网络大学、虚拟大学、开放大学等远程教育方面形成了较大优势。不少大学的这些课程也开始向国外学生开放，跨国远程教育应运而生。由于各国多采取开放教育市场的态度，美国各级各类大学、教育机构、商业机构等通过开设远程教育课程、提供在线教育培训服务等方式向其他国家提供各种层次的学历教育和非学历教育。

二、美国公立大学经费筹措的启示

根据表 5-4 和表 5-5 中的数据，对于美国公立大学来说，办学经费来源中，附属机构收入占比最大，为 25%—30%；紧接着是政府拨款，为 20%—28%，近年来略有下降趋势；其次为学费收入，徘徊在 20% 左右；捐赠收入也占有不小的占比，略低于 20%。总体来说，前 4 项的占比大致相当。总体而言，美国公立大学的经费筹措体现出以下特征。

（一）多渠道筹措经费以扩大办学经费规模

如前分析，美国公立大学办学经费渠道较为多元，其中运营收入主要包括学费，联邦、州和地方政府的运营性项目收入，非政府的项目经费，教育销售与服务、学生公寓、医疗收入等；非运营收入主要包括州政府拨款、联邦佩尔奖学金、捐赠、投资回报等。以密歇根大学安娜堡分校为例，该校2019年的总收入中，运营性收入中，33%来自学生的学费收入，25%来自联邦、州和地方政府的运营性项目收入，9%来自学生公寓收入等，6%来自非政府的项目经费，4%来自医疗收入等，而非运营性收入所占比例为23%。由此可见，遵循"谁受益、谁买单"的原则，在高等教育成本分担的理论指导下，美国公立大学的经费筹措过程中充分体现了政府、社会、高校、学生在高等教育投入中的主体责任，已经形成多元投入、合力支持的格局。

（二）各级政府的财政投入责任明晰

正如巴斯特布尔（C. F. Bastable）所说，政府间财政支出责任也应遵循"受益原则"，即"谁受益、谁买单"。美国联邦政府资助高等教育主要通过2种途径：①以资助学生的方式鼓励人们接受高等教育，不仅能够提升高等教育入学机会的公平，还可以推动高等教育大众化、民主化的实现；②以资助高校科研及部分学科的发展的方式鼓励高校提升科研产出和人才输出的数量及质量，以更好地满足高校乃至国家在国际竞争、国防建设等方面的需要。州政府是州立大学教育经费的主要提供者。相较于大多数的私立高校而言，公立高校能够获得来自州政府和地方政府更多的经费。而且，州政府对于高等教育的财政支持是美国公立高等教育经费收入的最主要的来源之一。可见，联邦、州和地方政府在财政投入中的责任非常明晰，是美国公立大学经费筹措的特征之一。

（三）基于高校归属建立分层分类的高校学费体系

较之公立大学，美国私立大学经费来源的主要渠道是学费，除了在校学生可以与公立大学的学生一样申请政府的奖学金、贷学金外，学校的其他一切费用均由自己筹措。各私立高校之间收取的学费标准也不一样，一般是学校的名气越大收取的学费越高。不同学科之间的学费标准也不同，理工科相对文史科要高一些。如哥伦比亚大学、凯尼恩学院、富兰克林·马歇尔学院等收费都比较高，近年来每个学生年均学杂费在60 000美元以上（表5-10）。从表5-10中不难看出，私立大学，尤其是顶尖的私立大学，高昂的学费使得这些高校在学费收入上占有较大的优势。私立大学将学费收入应用于学校的日常建设中，从而大大促进了高校各项事务的高效运转。

表 5-10 2020—2021 年度美国学杂费位于前十名的私立大学

单位：美元

大学	学杂费	《美国新闻与世界报道》分类排名[①]
哥伦比亚大学 Columbia University	64 380	3，综合大学
凯尼恩学院 Kenyon College	61 100	28，文理学院
富兰克林·马歇尔学院 Franklin and Marshall College	61 062	43，文理学院
瓦萨学院 Varssar College	60 930	13，文理学院
阿默斯特学院 Amherst College	60 890	2，文理学院
科罗拉多学院 Colorado College	60 864	25，文理学院
塔夫茨大学 Tufts University	60 862	30，综合大学
布朗大学 Brown University	60 696	14，综合大学
杜克大学 Duke University	60 488	12，综合大学
波士顿学院 Boston College	60 202	35，综合大学

资料来源：10 Most，Least，Expensive Private Colledges. https://www.usnews.com/education/best-colleges/the-short-list-college/articles/10-most-least-expensive-private-colleges.[2021-05-21].

此外，《美国新闻与世界报道》还针对私立大学、公立大学（州内生源和州外生源）在 2020—2021 学年收取的平均学费做了对比，结果显示，私立大学的平均学费为 35 087 美元，公立大学的州外生源平均需支付学费 21 184 美元，公立大学的州内生源则只需支付 9687 美元的学费。因此，仅就州内生源来说，如果选择到所在州的私立大学就读，则需支付高出公立大学 2.6 倍的学费费用。综上可知，由于不同类型高校在学费以外可获得的资源存在较大差异，因此私立大学、公立大学以及面向州内和州外生源实施的是分层分类的学费标准体系。学生在做就读高校选择决策时会考虑很多因素，诸多研究表明，

---

① 《美国新闻与世界报道》（*U.S. News & World Report*）将美国大学主要分成全国级综合大学（national university）、全国级文理学院（national liberal arts colleges）、地区级大学（regional universities）、地区级学院（regional colleges）四种类型。其中，地区级大学和地区级学院又分别按照北部、南部、西部、中西部四类区域进行排名。

经济因素是不可忽视的因素之一。鉴于此，不同类型高校的学费标准也为学生提供了多元化的选择。

（四）完善的高校社会捐赠的制度框架

美国高校几乎都成立专门的基金会来管理教育捐赠基金，基金会以独立的形式运作，达到了市场化和专业化的程度。基金会运行机制非常成熟，管理制度、监督体系也较为严密，详细地规划、记载每笔捐款，通过基金会网站向捐赠者、社会公众提供基金会财务信息，捐赠者能够方便、快捷地了解资金的使用情况，确保受赠款项使用的透明度，也极大提升了捐赠者捐赠的热情和积极性。同时，高校也制订完善的社会捐赠管理制度，对捐赠的各个环节，如接受、审核、估价等程序以及有关人员的职责制订了详细规定，并为捐赠者提供有关捐赠类型、途径、免税政策等方面的咨询服务。美国高校有着完善的社会募捐制度、成熟的募款模式以及丰富的募赠策略，这些都为美国高校获得社会捐赠收入奠定了良好的制度基础。另外，美国社会捐赠文化的盛行以及对教育捐赠的税收优惠等激励性制度，也让高校在吸引社会捐赠收入方面具有诸多优势。

（五）积极拓展营业和服务收入的筹资渠道

在上述分析中，我们发现，除政府财政拨款、学生学费、社会捐赠以外，提供有偿服务获得报酬的营业和服务收入也为美国的公立大学带来不少收益。比如，在不影响高校正常教学科研工作的前提下，利用高校资产和资源，在教学服务、科技服务、行政服务、资产服务、医疗服务等方面提供各种有偿服务以获得报酬，都可为高校的发展获取创收收入。积极拓展营业和服务收入的经费渠道，在一定程度上弥补了高校办学经费的不足。这些收入不仅可以改善相应部门的办学办公条件，激发高校的办学活力，提高教职工的福利待遇，还可以调动教职工的积极性，同时也能减少高校资产资源的闲置浪费，大大提高资源的使用效率。

第 六 章

完善政府财政和社会资本投资高等教育的制度框架

政府财政和社会资本投资高等教育并非简单的是非判断问题，而是直接反映国家和社会对高等教育所持的观念态度问题，不仅意味着国家在输送和培养高层次人才方面承担了应有的责任，同时也说明社会对高等教育与经济发展和科技进步之间的关系有着进一步的深刻理解。本章基于前述研究，对完善政府财政和社会资本投资高等教育的制度框架从高等教育财政投入机制、民办高等教育投入机制，以及家庭和社会资本投资高等教育机制3方面提出对策和建议。

第一节　高等教育财政投入体制

根据前文研究结论，针对未来我国的高等教育投入机制提出以下建议。

一、完善相关机制，提高政府财政投入在高等教育经费中的比例

2005年以来，我国高等教育经费投入总量增长较快，但2013年以后增长缓慢。而且从国际比较来看，我国高等教育总投入占GDP的比例仍然低于发达国家的平均水平，说明高等教育在我国国民经济中的相对地位还比较低。《国家教育事业发展"十三五"规划》提出的高等教育发展目标是，高等教育在学总规模从2015年的3647万人增加到2020年的3850万人，在校生规模从2015年的3511人增加到2020年的3680万人，二者在5年内的计划增长率分别为5.6%和4.8%。2020年中国高等教育在学总规模达4183万人，在校生规

模达到 3285 万人，[①]较之"十三五"规划的发展目标，在学总规模超计划完成，在校生规模未达到预先目标，总体而言增长速度较低。因此，随着社会公众对高等教育的需求不断提升，尤其是在国家人口政策不断调整的大背景下，为进一步提升国民的人力资本水平，未来我国高等教育规模还应当保持适度的增长，以满足经济社会发展的需要和居民接受高等教育的需求。

在这种情况下，高等教育投入的增加应主要体现为生均投入的增加而非在校生规模的扩张。然而，本书研究发现我国高等教育生均投入的状况不容乐观。2005—2015 年，生均经费指数持续下降，生均投入的增长速度低于经济增长速度；2013—2015 年，生均投入的年增长率仅为 1.69%；同时，目前我国的生均投入水平与发达国家相比尚有较大的差距。《国家中长期教育改革和发展规划纲要（2010—2020 年）》提出"提高质量是高等教育发展的核心任务"，《国家教育事业发展"十三五"规划》也将"全面提高教育质量"作为"十三五"时期教育改革发展的主题，党的十九大报告中对高等教育发展提出的任务是"加快一流大学和一流学科建设，实现高等教育内涵式"，《"十四五"规划和二〇三五年远景目标的建议》提出"提高高等教育质量，分类建设一流大学和一流学科，加快培养理工农医类专业紧缺人才"。可见，提高高等教育质量，推动高等教育内涵式发展是未来较长一段时期内我国高等教育发展的关键任务。

（一）努力提高生均投入水平，以实现经费投入总量水平的较快增长

生均投入是决定高等教育质量的重要因素之一。近年来，我国普通高校生均经费的增速缓慢，而且生均经费指数在不断下降。这可能是经济进入稳态增长后出现的必然趋势，有其客观合理性。但是，除了北京、上海等少数地区外，我国高等教育生均经费与发达国家仍有较大差距，普通高校继续维持低水平、慢增长的现状显然不利于提高高等教育质量、实现高等教育的可持续发展

---

① 2020 年全国教育事业发展统计公报. http://www.moe.gov.cn/jyb_sjzl/sjzl_fztjgb/202108/t20210827_555004.html.（2021-08-28）[2021-09-08].

和增强我国高等教育的国际竞争力。因此，未来仍应加大对高等教育的经费投入，努力提高生均经费水平，同时也要充分认识到在经济增速放缓的现实条件下实现这一政策目标可能面临的严峻考验。

（二）提高普通高校经费收入中政府投入比例有助于生均经费的增长

我国高等教育经费中政府投入比例仍然偏小，因此，应着力调整普通高校经费收入结构，保证财政性投入的增长速度大于非财政性投入的增长速度，实现政府投入比例的逐步提高，特别是在中、西部地区，提高政府投入比例对普通高校生均经费的促进作用将更为明显。由于中、西部地区的财政能力较弱，加大中央政府对中西部高校的财政转移支付是未来可重点考虑的政策方向之一。

（三）提高政府投入在高等教育经费投入中的比例

提高政府投入在高等教育经费投入中的比例并不意味着要减少非财政性经费的投入，相反，在加强政府投入的主渠道作用的同时，应积极拓宽高等教育的经费来源渠道，努力增加非财政性投入。相关措施包括：吸引企业投入高等教育，加强产学研结合以增强高校创收能力，争取个人和机构对高校的捐赠，根据地方经济发展水平、居民收入水平和办学成本制订有弹性的学费标准，等等。这样，尽管非财政性投入的比例可能下降，但绝对水平在提高，为有效保证高校生均经费的稳定增长提供支撑。

二、提升政府对高等教育投入的努力程度，强化政府在高等教育投入中的主导作用

《中国教育统计年鉴 2015》的数据显示，2015 年，全国高等教育在学总规模为 3647 万人，民办高校在校生为 610.90 万人，民办的其他高等教育机构注册学生为 77.74 万人，后两者合起来约占全国高等教育在学总规模的 19%。可见，目前我国高等教育的主体构成还是公立高等教育，由此政府应该在高等教育投入中占据绝对的主导地位。但自 2013 年以来，我国政府对高等教育投入

的努力程度有所下降，政府投入在高等教育投入中的比例趋于稳定，而且目前我国政府投入在高等教育投入中的比例比 OECD 成员国平均值低约 10 个百分点，比欧盟国家低约 20 个百分点。同时，相关研究发现，在我国高等教育领域，提高高校经费收入中政府投入的比例有助于生均经费的增长（方芳，刘泽云，2017）。因此，在提高高等教育经费投入的过程中，还应着重提高政府对高等教育投入的努力程度，以保证政府投入的增长速度大于非政府投入的增长速度，进而实现政府投入比例的逐步提高。2015 年，我国政府投入占高等教育总投入的比例为 62.30%，在此基础上，如果政府投入占高等教育总投入的比例每年提高 1 个百分点，那么到 2030 年将为 80%，达到欧盟国家目前的平均水平。

三、增强高等学校经费管理水平和资源利用效率

2005 年以来，我国高等教育的生均经费指数经历了比较快速的下降过程，但与发达国家相比，目前，我国高等教育的生均经费指数仍然较高，这可能是一个国家高等教育发展历程中必须经历的阶段，但也意味着我国存在高等教育经费管理水平较低、资源利用效率不高等问题，在高校经费管理和支出效率等方面依然还有较大的改进空间。因此，在提高普通高校生均经费水平的同时，还应关注经费的使用效率。特别是北京和上海的生均经费已经达到发达国家的平均水平，今后的主要改进方向之一是稳定经费投入水平、提高高校的经费管理水平和资源利用效率。

第二节　民办高等教育投入体制

一、对民办高等学校正确定位、科学治理并提升内涵

（一）办学定位：由补充型高等教育向特色型高等教育发展

美国学者埃斯特拉·詹姆斯（Estelle James）认为私立教育存在的原因主

要包括过度需求（excess demand）和差异性需求（differentiated demand）。随着我国民办高等教育进入到转变发展方式和加强内涵建设的新阶段，民办高校提供的高等教育越来越注重办学质量和办学层次的提升。《教育发展规划纲要》明确提出要"制定完善促进民办教育发展的优惠政策。对具备学士、硕士和博士学位授予单位条件的民办学校，按规定程序予以审批"。随着国家支持民办高校发展相关政策的完善，部分办学目标定位较高、办学基础坚实的优质民办高校受到极大程度的鼓舞。截至2021年，全国已有5所民办高校①通过国务院学位委员会和教育部审批，正式获得研究生招生资格。这一举措促使更多民办高校积极创造条件，申办学位与研究生教育的资格。但必须指出，民办高校办学层次的提升只是一种相对趋势，能够符合条件升格本科院校和举办研究生教育的民办高校只是一小部分，大多数民办普通高校现阶段的任务还是立足办好高等职业技术教育，避免盲目攀高和趋同发展。要引导民办高校坚持科学定位、各安其位，根据地方和区域经济社会发展需求办出特色，不断提高人才培养质量和自身办学水平。

（二）内部治理：以构建民办高校现代大学制度建设为根本任务

民办高校在完善内部治理结构时，应考虑到"民办"和"高等教育"的两大特性。作为一个融合学校、市场和政府三方力量的教育组织形式，构建与完善内部治理，以更好地平衡各方利益主体，进而协调发展、共同实现"育人"目标，是民办高校建设现代大学制度、适应外部公共治理的根本要求：①要推进民办高校大学章程的建设，为民办高校内部治理和运行模式提供制度载体和依据保障。②要完善董事会管理制度，尤其是董事会成员的遴选机制，应充分考虑不同利益相关者的参与程度并优化其比例结构，为民办高校从"个人治理"走向"制度治理"提供必要的制度支撑。③要积极探索民办高校职业经理人市场机制，革除发展过程中的行政化、同质化弊端，基于民办高校灵活的体制优势，充分释放体制红利，既能摆脱过去单一的家族式管理模式，又能从根本上破解诸多发展瓶颈，推动学校的改革创新。

---

① 这五所民办高校分别为吉林外国语大学、黑龙江东方学院、北京城市学院、西京学院和河北传媒学院。

（三）质量保障：集中精力抓好内涵发展和质量建设

随着经济社会的发展和高等教育的普及化程度不断提高，优质高等教育资源供给不足的矛盾凸显。我国高等教育的发展方式正在从以规模扩张和空间拓展为特征的外延式发展，转变为以提高质量和优化结构为核心的内涵式发展。高等学校内涵建设和特色发展的任务十分艰巨，作为发展历史较短并处于复杂发展环境中的民办高校，其面临的挑战更为严峻，其建设任务更加繁重。民办高校要坚持以更新教育思想和观念作为重要先导，以人才培养模式改革作为建设核心，以体制机制创新作为制度保证，以师资队伍建设作为关键，在贯彻实施《民办教育促进法》的过程中，把主要精力放到学校的内涵建设和特色发展上，励精图治，通过坚持不懈的长期努力，力争在办学水平和人才培养质量上有所突破。政府及教育行政主管部门要坚持依法治教，严格规范办学，大力扶持发展，促进民办高校的健康可持续发展。

二、基于分类管理完善民办高等教育投入机制

（一）政府扶持：遵循"共同而有区别"的分类财政扶持政策

将私立高校划分为营利性和非营利性两类，是世界各国管理私立高等教育的普遍做法。各国在对两类私立高校实行差异化管理制度、财政扶持和配套政策等方面，都积累了大量可供我国借鉴的成熟经验。2016年，《中华人民共和国国民经济和社会发展第十三个五年规划纲要》中明确提出要"建立分类管理、差异化扶持的政策体系"。因此，对两类民办高校要实施"共同而有区别"的财政支持，即对于属性不会随着教育组织类型的改变而改变，如师生的法律地位、鼓励民办高校特色办学的激励机制等，在任何教育组织内都应同等对待，以充分发挥公共财政的调控作用，引导两类民办高校在办学水平、教学质量和特色发展上予以重视；对于属性在不同教育组织内会产生差异，如非营利性和营利性民办高校的公益性程度和法人属性各不相同，在教育用地、税收优惠政策等方面采取的财政扶持政策也应加以区分。

（二）规范民办高等学校收费制度

现阶段民办高校的学费在很大程度上影响着其发展，因此，对民办高校的收费制度应当予以规范和完善。非营利性民办高校的收费应以政府指导的方式进行管理，同时这类高校的收费方案要纳入教育行政部门的会计核算部分。对于营利性民办高校，由于该类学校自负盈亏，因此这类学校可以根据办学成本和当地经济发展水平资助确定收费标准，从而获得更大的自主定价权。"自主定价"与"民办高校"的结合是"市场在资源配置中起决定性作用"在民办教育领域的一种体现。民办学校可以根据自身办学条件和服务水平，并结合社会需求和承受能力等因素，自定收费项目和标准，同时受教育者也可以根据自己的经济实力、学业发展规划自主选择。这种双向选择下的"自主定价"的学费是市场供求处于均衡点的价格，因此，学费的涨或跌是市场调节的结果。如果民办高校定价过高，学生会用"以脚投票"的方式选择上或不上。同时，对于家庭经济困难、无力支付最低学费的学生来说，政府应充当"保护伞"的角色，使各类奖学金、助学贷款等政策能够覆盖各类民办高校有相关需求的学生。

（三）完善社会投入机制，鼓励民办学校投入、捐赠等非财政渠道的投入

本书研究发现，预算外经费对地区高等教育规模的影响大于预算内经费的影响。因此，除了适度提高高校学费水平之外，还应完善社会投入机制，制定相应的政策积极鼓励社会各界投资高等教育。譬如，借助《民办教育促进法》《民办学校分类登记实施细则》《营利性民办学校监督管理实施细则》等政策法规推动民办高等教育的发展；通过完善高等教育捐赠税收制度、建立财政配比等措施，提高高等学校的社会捐赠收入；探索高校校办企业的创新机制，实现高校销售和服务创收能力的提升等。

第三节　家庭和社会资本高等教育投入体制

在家庭和社会资本投入方面，除完善高等学校学费制度以外，还应完善社会资本投入高等教育的相关机制。

一、科学制定和改进高等教育收费标准

根据各国学费和社会生活水平，可将国家分为4类：①以美国、英国、加拿大为代表的"高学费、高社会生活水平"国家；②以韩国、荷兰、意大利、葡萄牙为代表的"高学费、低社会生活水平"国家；③以法国、比利时等欧洲发达国家为代表的"低学费、高社会生活水平"国家；④以中国为代表的"低学费、低社会生活水平"国家。一般而言，"低学费"通常是建立在经济高度发达的基础上的，考虑到当前我国尚处于社会主义初级阶段，且近些年来，我国经济发展进入新常态，发展方式和速度都发生着转变，这种"低学费"模式容易给国家财政带来巨大负担。

因此，未来我们可以学习英国、美国、韩国等国家的经验，适当提高我国高等教育的学费标准。考虑到高等教育学费的增加很可能减少贫困子女接受高等教育的机会，不利于高等教育公平的实现，因此，政府在收费过程中应注意以下几点：①要根据高校和专业特点，科学计算各校各专业的教育成本，构建分级分层的学费价格体系；②要进一步完善我国高等教育资助体系，确保弱势家庭子女不会因贫失学；③要积极开展高等教育国际合作，吸引留学生来华学习，从而加大留学生学杂费在我国高等教育成本中的比例。

二、适当提高学费水平并建立学费的动态调整机制

强化政府在高等教育投入中的主导作用，并不意味着减少非政府投入的比

例。相反，在强化政府投入作为主渠道来源的同时，还应制定和完善相关政策努力增加非政府投入的比例。由此，尽管非政府投入的比例可能减小，但其绝对水平在提高，进而为保证高等教育投入的可持续增长提供了关键保障。理论分析表明，提高学费会抑制居民的高等教育需求，不利于高等教育规模的扩张。但本研究发现，地区高等教育规模不受生均非财政性投入的影响。学费是非财政性投入的主要来源，这意味着目前在我国提高学费水平不会影响地区高等教育规模。那么，适当提高学费水平是否具有合理性和可行性？

在家庭投入方面，方芳和刘泽云（2017）在研究中发现，在北京和上海这样的经济发达地区，学费占高等教育经费收入的比例低于发达国家的平均水平。曹淑江（2014）认为，高校学费具有成本分担和价格表征的双重属性，并针对我国高校成本变化情况及学费标准展开定量研究，结果表明，我国普通高校本科院校尤其是研究型大学的学费标准普遍偏低。无论从经济学消费者约束理论出发，还是从可行性的角度来看，确定学费水平最重要的依据之一是居民的收入水平。为此，我们做了一些简单的测算。按2015年不变价格计算，2007年全国普通高校生均学费收入为7627元，2015年下降到7164元，2007—2015年经历了先上升后下降的过程，全国普通高校生均学费收入为7100—8000元（根据历年《中国教育经费统计年鉴》提供的数据计算得出）。而同一时期，按2015年不变价格计算，我国城镇居民人均可支配收入从2007年的17 185元增加到2015年的31 790元，增长了85%；农村居民人均纯收入从2007年的5161元的增加到2015年的10 772元，增长了109%（根据《中国统计年鉴2016》提供的相关数据计算得出）。也就是说，2007—2015年，我国高校的学费水平变化不大甚至还下降了，而居民可支配收入却保持较快速度的增长。因此，本研究认为适当提高高校学费不仅是合理的，也是可行的。具体而言，各地教育行政部门和发改委等主管部门，应根据地方经济发展水平、居民可支配收入水平和不同专业办学成本等因素制订弹性学费标准，建立高等教育学费的动态调整机制。同时，在适当提高高校学费的同时，还应健全高校学生资助体系，完善高校学费补偿机制，以确保高等教育入学机会的公平。

三、进一步完善高等教育捐赠制度

当前，我国已经成为世界第二大经济体，国内公众的教育捐赠意识和能力在日益增强，但捐赠收入在我国高等教育总成本中所占比例仍显著低于英、美等高等教育强国的捐赠水平。如前所述，美国《教育的自愿支持报告（2019—2020）》（*Voluntary Support of Education，2019-2020*）显示，2019—2020 年，美国高校捐赠总收入共 496 亿美元，主要来源包括校友捐赠 110.6 亿（占 22.3%）、基金会捐赠 164.4 亿（占 33.2%）、非校友个人捐赠 86.3 亿（占 17.4%）、企业捐赠 66.3 亿元（占 13.4%）、其他组织捐赠 67.4 亿（占 13.6%）。[①] 梁显平和洪成文（2017）在研究中发现，2005—2011 年，英国共有 135 所高校参与财政配比捐赠政策，高校募集资金高达 5.8 亿英镑，按照配比方案，英国高等教育财政拨款委员会（Higher Education Funding Council for England，HEFCE）共配比高校 1.43 亿英镑。[②] 英国财政配比捐赠政策是在整体高校筹资经验不足的背景下产生的，政策的实施推动了更多高校开展资助筹资，高校筹资收入明显增加，更重要的是推动形成了社会向高等教育捐赠的文化意识，让高等教育成为社会捐赠的重要对象。反观我国，捐赠收入在高等教育总成本中所占比例并不高。根据《中国教育经费统计年鉴 2019》，2018 年我国高校捐赠收入约为 84.4 亿元，仅占高校总投入（10 947 亿元）的 0.77%。这说明，当前我国高校在吸引社会捐赠方面还有巨大的努力空间。为进一步提高捐赠收入在我国高等教育成本中的比例，应从以下方面着手：①政府重视高校筹资工作，为教育捐赠提供政策引导和制度保障；②健全法律法规，建立和完善非政府组织，吸引更多社会资本投入到教育事业；③高校主动采取积极措施，增强自身募集社会捐赠的能力；④高校加强内部管理，使得筹资工作规范化、正规化，增加捐赠资金使用的透明度和公众信任度；⑤积极学习英、美等高等教育发达国家高校的筹资经验，针对不同层次和类型高校特点完善我国高等教育捐赠制度。

---

① Voluntary Support of Education Key Findings，2019-20. https://www.case.org/resources/voluntary-support-education-key-findings-2019-20.[2021-05-21].

② HEFCE. Matched Funding Scheme for Voluntary Giving：2008-2011 Outcomes. https://www.hefce.ac.uk/pubs/year/2012/cl，142012/.2015-08-01. [2019-10-12].

参 考 文 献

REFERENCES

鲍威，刘艳辉. 2009. 公平视角下我国高等教育资源配置的区域间差异. 教育发展研究，
（23）：37-43.

毕雪阳. 2008. 高等学校内部教育财政投入配置结构特征的实证分析. 中国高教研究，（7）：
40-42.

蔡文伯，黄晋生. 2016. 我国省际间高等教育投入差距的实证分析——基于省际面板数据. 教
育与经济，（4）：30-36.

蔡文伯，黄晋生. 2018. 失衡与调适：中国高等教育资源配置的空间格局演变. 黑龙江高教研
究，（5）：28-34.

曹淑江. 2014. 我国高等教育成本与学费问题研究. 中国高教研究，（5）：44-49.

曹淑江，张晶. 2009. 教育投资内部分配比例影响因素研究——基于面板数据的实证分析. 中
国高教研究，（9）：26-28.

柴江. 2017. 我国高等教育收费现状与效应研究. 苏州大学博士学位论文.

陈波. 2017. 高校社会捐赠不足之对策研究. 广西社会科学，（3）：217-220.

陈纯槿，郅庭瑾. 2017. 世界主要国家教育经费投入规模与配置结构. 中国高教研究，（11）：
77-85，105.

陈晓宇，董子静. 2011. 大众化阶段高等教育的规模经济与范围经济. 教育研究，（9）：14-21.

成刚，孙志军. 2008. 我国高校效率研究. 经济学（季刊），（2）：1079-1104.

邓娅. 2002. 市场经济的发展与高等教育财政体制改革. 高等教育研究，23（4）：50-54.

丁小浩. 1996. 高等教育财政危机与成本补偿. 高等教育研究，（2）：37-43，50.

丁小浩. 2000. 中国高等院校规模效益的实证研究. 北京：教育科学出版社.

杜鹏，顾昕. 2016. 中国高等教育生均教育经费：低水平、慢增长、不均衡. 中国高教研究，（5）：46-52.

杜宇，吴传清. 2020. 中国南北经济差距扩大：现象、成因与对策. 安徽大学学报（哲学社会科学版），44（1）：148-156.

杜育红. 2000. 我国地区间高等教育发展差异的实证分析. 高等教育研究，21（3）：44-48.

樊杰，王亚飞，梁博. 2019. 中国区域发展格局演变过程与调控. 地理学报，74（12）：2437-2454.

范先佐. 2010. 我国学生资助制度的回顾与反思. 华中师范大学学报（人文社会科学版），49（6）：123-132.

方芳. 2015a. 财政支持民办高等教育的必要性和可行性分析. 高教探索，（5）：94-98.

方芳. 2015b. 高校专项经费拨款的国际比较及启示. 重庆高教研究，（3）：28-33.

方芳. 2017a. 中国民办高等教育发展之考析. 中国高等教育，（3）：47-50.

方芳. 2017b. 政府"为何"和"如何"资助民办高等教育？——来自美国的经验与启示. 国家教育行政学院学报，（3）：89-94.

方芳，刘泽云. 2017. 普通高校经费收入结构对生均经费的影响. 高等教育研究，38（3）：56-64.

方芳，刘泽云. 2018a. 2005—2015 年我国高等教育经费投入的变化与启示. 中国高教研究，（4）：78-85.

方芳，刘泽云. 2018b. 高等教育投入模式的国际比较研究. 南京师大学报（社会科学版），（6）：40-47.

方芳，刘泽云. 2019. 经费投入对地区高等教育规模的影响. 高等教育研究，40（1）：43-50.

方芳，王善迈. 2011. 我国公共财政支持民办高等教育研究. 北京师范大学学报（社会科学版），（5）：23-29.

方芳，钟秉林. 2016. 我国民办高等教育财政支持制度研究. 北京：北京师范大学出版社.

"改革完善中央高校经费投入机制研究"课题组. 2014. 中央直属高校财政拨款模式的历史变迁与改革思路. 华中师范大学学报（人文社会科学版），53（6）：149-156.

高晓清. 2011. 美国高校社会捐赠制度研究. 长沙：湖南师范大学出版社.

高耀，方鹏. 2008. 澳大利亚高等教育经费筹措：现状、趋势及启示. 世界教育信息，（5）：

26-29.

郭鹏. 2008. 中国高等教育投入制度变迁. 中央财经大学学报, (5): 22-27.

胡耀宗. 2011. 不同类属高校财政差异分析. 中国高教研究, (11): 17-20.

胡咏梅, 唐一鹏. 2014. "后4%时代"的教育经费应投向何处？——基于阔过数据的实证研究. 北京师范大学学报 (社会科学版), (5): 13-24.

黄洪兰, 朱云翠. 2011. 民办高等教育公益性：国家财政扶持的理论与现实基础. 现代教育科学 (高教研究), (1): 18-21.

黄维. 2004. 论高等教育投资模式与管理的理论与实践. 清华大学教育研究, (01): 51-57

季俊杰. 2020. 论普及化初期高等教育投入结构的优化方向与对策. 教育学术月刊, (8): 19-23, 38.

金荣学, 张迪, 张小萍. 2013. 中美高等教育捐赠税收制度比较. 教育研究, (7): 136-146.

靳希斌. 1990. 关于确定教育投资比例的几个问题. 北京师范大学学报 (社会科学版), (4): 5-12.

靳希斌. 2004. 教育经济学. 北京：人民教育出版社.

克拉克·克尔. 2019. 大学之用 (第五版). 高铦, 高戈, 汐汐译. 北京：北京大学出版社.

郎益夫. 2002. 中国高等教育投资模式研究. 哈尔滨工程大学博士学位论文.

李琼, 李小球, 张蓝澜等. 2019. 中国地方普通高等教育生均经费的时空演绎分析. 经济地理, 39 (2): 48-57.

李文利. 2006. 高等教育财政政策对入学机会和资源分配公平的促进. 北京大学教育评论, 4 (2): 34-46.

李文利. 2008. 从稀缺走向充足——高等教育的需求与供给研究. 北京：教育科学出版社.

李祥云, 魏萍. 2009. 地方高校生均支出地区差异及其原因的实证分析. 高等教育研究, 30 (7): 44-50.

李小克, 郑小三. 2012. 高等教育财政支出影响因素研究——基于2000—2009年中部六省的面板数据. 教育发展研究, (11): 7-13.

李真, 李全生. 2005. 高等教育投资的现状分析及其改革. 北京化工大学 (社会科学版), (2): 61-64.

李振东. 2013. 我国高校财政拨款模式研究. 商, (8): 140, 145.

厉以宁. 1988. 教育经济学研究. 上海：上海人民出版社.

栗玉香. 2010. 教育财政效率的内涵、测度指标及其影响因素. 教育研究, 31（3）: 15-22.

梁显平, 洪成文. 2017. 英国高等教育财政配比捐赠政策的产生、实施效果及启示. 比较教育研究, 39（4）: 69-75.

刘红宇. 2011. 高等教育社会投入比较研究（1998—2008 年）——基于我国和经合组织成员国五组教育指标的分析. 教育发展研究,（9）: 19-24.

刘红宇, 马陆亭. 2011. 高等教育社会投入趋势研究（1998—2008 年）——基于我国高校经费统计和 OECD 教育指标分析的比较. 中国高教研究（5）: 10-14.

刘红宇, 马陆亭. 2012. OECD 国家高等教育投入的典型模式. 高等教育研究（5）: 102-109.

刘琳, 钟云华. 2010. 中英高等教育财政拨款模式比较分析. 高教探索,（1）: 68-72.

刘泽云, 袁连生. 2007. 公共教育投资比例国际比较研究. 比较教育研究, 28（2）: 32-36, 72.

罗建平. 2018. 我国省际普通高校生均教育经费差异分析. 高教探索,（5）: 44-49, 85.

马嘉丽. 2020. 我国高等教育拨款模式探究. 合作经济与科技,（20）: 181-182.

米红, 李小娃. 2009. 公益性: 民办高校发展的现实观照——兼论高等教育的产业属性. 山西大学学报（哲学社会科学版）, 32（3）: 95-100.

牛妍妍. 2017. 世界一流大学经费收支结构研究及其对我国的启示. 江苏师范大学硕士学位论文.

彭湃. 2006. 大学、政府与市场: 高等教育三角关系模式探析. 高等教育研究, 27（9）: 100-105.

钱国英. 2008. 国有民办高校可持续发展问题研究. 华中师范大学硕士学位论文.

秦东升, 胡臣瑶, 蒋文浩等. 2019. 重庆理工大学学报（社会科学）, 33（11）: 84-92.

邱雅. 2008. 公共教育投资比例的国际比较与分析. 中国统计,（5）: 51-52.

上海教育科学研究院课题组. 2010. 高等教育投资来源多元化与体制改革研究报告. https://www.cnsaes.org.cn/homepage/html/zhilisuo/zlstopic/zlsjiaoyucaizhengyanjiu/728.html.

沈红, 赵永辉. 2014. 美国高校学生资助政策变革及其效应. 高等工程教育研究,（4）: 135-140.

盛来运, 郑鑫, 周平等. 2018. 我国经济发展南北差距扩大的原因分析. 管理世界, 34（9）: 16-24.

舒尔茨. 1982. 教育的经济价值. 曹延亭译. 长春: 吉林人民出版社.

苏兆斌，蔡璇. 2020. 美国高等教育投融资多元主体经验与借鉴. 财会通讯，(2): 167-171.

孙志军. 2009. 扩招十年来中国普通高校经费收入的变化及解释. 清华大学教育研究，30 (4): 72-80.

孙志军，金平. 2003. 国际比较及启示：绩效拨款在高等教育中的实践. 高等教育研究，24 (6): 88-92.

唐一鹏，胡咏梅. 2015. 经济新常态下我国"十三五"期间高等教育财政投资规模预测. 重庆高教研究，3 (6): 3-15.

陶春梅，孙志军. 2007. 高等学校基本支出拨款方式的改革与创新——2004 年以来北京市的改革经验. 财贸经济，(10): 76-78.

田丹. 2013. 财政教育经费与高等教育均衡发展关系检验. 统计与决策，(19): 153-155.

王奔，晏艳阳. 2017. 我国生均教育经费支出的省际差异及其影响因素. 经济地理，37 (2): 39-45.

王红. 2001. 财政政策与高等教育公平——对中国八十年代以来主要高等教育财政政策的公平审视. 北京师范大学博士学位论文.

王建慧，沈红. 2014. 美国高等教育公式拨款的演进与改革. 外国教育研究，41 (10): 109-118.

王立刚. 2021. 21 世纪以来德国高等教育财政改革举措及其借鉴. 河北大学成人教育学院学报，23 (1): 93-101.

王留栓. 2005. 世界私立高等教育发展模式及其对中国的启示. 浙江树人大学学报，5 (3): 9-12.

王龙. 2006. 高校科技成果转化中观念创新的意义和对策. 东北大学硕士学位论文.

王善迈等. 2012. 公共财政框架下公共教育财政制度研究. 北京：经济科学出版社.

王善迈，周为. 1991. 我国普通高等教育经费拨款体制. 教育与经济，(4): 51-55.

王树涛，张德美. 2014. 金融危机后世界一流大学财政经费来源的结构变化及启示. 国家教育行政学院学报，(9): 79-83.

魏建国. 2008. 美国《高等教育法》修订与高等教育财政改革. 北京大学教育评论，6 (4): 14-27.

魏建国. 2015. 公立高校经费投入机制国际发展趋势. 中国高等教育，(20): 58-61.

吴楚豪，王恕立. 2020. 中国省级 GDP 构成与南北经济分化. 经济评论，(6): 44-59.

吴高波，李伟静. 2016. 我国普通高校教育经费投入的差异性研究. 教育财会研究，27（6）：7-15.

夏焰，崔玉平. 2014. 中国省际高等教育资源的优化配置——基于生均经费支出差异及收敛的实证分析. 教育发展研究，（5）：13-18.

谢安邦，刘莉莉. 2001. 市场的逻辑与大学的变革. 现代大学教育，（5）：8-12.

邢丽娜. 2017. 世界一流大学经费水平和结构研究——基于30所研究型大学的数据分析. 浙江工业大学硕士学位论文.

许长青. 2017. OECD成员国高等教育规模扩张及财政资助政策新进展. 教育学术月刊，（7）：3-12.

许衍艺. 2014. 经济危机背景下的匈牙利高等教育学费制度改革. 高教探索，（5）：74-78.

许衍艺. 2020. 中匈高等教育财政拨款模式改革比较研究. 山东高等教育，8（4）：39-45.

严全治，余沛，田虎伟. 2016. 省域地方普通高校生均教育经费支出的时空演变特征和影响因素. 高等教育研究，（7）：27-32.

阎凤桥. 2008. 中国民办高等教育能够满足公共利益需求吗. 探索与争鸣，（10）：57-61.

晏成步. 2017. 高等教育公共支出的国际比较分析——兼议高等教育财政制度转型. 中国高教研究，（5）：76-81，97.

杨多贵，刘开迪，周志田. 2018. 我国南北地区经济发展差距及演变分析. 中国科学院院刊，33（10）：1083-1092.

杨明洪，黄平. 2020. 南北差距中的结构效应及空间差异性测度. 经济问题探索，（5）：1-13.

杨团. 2019. 慈善蓝皮书：中国慈善发展报告（2019）. 北京：社会科学文献出版社.

姚峥嵘. 2014. 我国高等教育经费投入的国际比较研究. 江苏高教，（6）：77-79.

叶杰. 2015. 发展趋势与因素分解：中国省域间高等教育经费支出中的公平性问题——基于基尼系数及其结构分解与变动分解技术的分析. 中国高教研究，（10）：36-43.

叶杰，周佳民. 2017. 中国生均教育经费支出的省际差异：内在结构、发展趋势与财政性原因. 教育发展研究，37（23）：30-41.

游小珺，赵光龙，杜德斌等. 2016. 中国高等教育经费投入空间格局及形成机理研究. 地理科学，（2）：180-187.

于伟，张鹏. 2015. 我国高校生均经费支出省际差异的再分析——基于shapley值分解的方法. 北京大学教育评论，13（2）：97-107.

余宏亮. 2019. 高等教育资源优化配置模式及路径选择. 教育与职业,（14）：21-23.

袁连生. 2011. 中国教育财政体制的特征与评价. 北京师范大学学报（社会科学版）,（5）：10-16.

袁连生, 崔邦焱. 2004. 我国高等学校生均成本变动分析. 教育研究, 25（6）：23-27.

岳昌君. 2010. 中国高等教育财政投入的国际比较研究. 比较教育研究, 32（1）：77-81.

岳昌君. 2011. 高等教育经费供给与需求的国际比较研究. 北京大学教育评论, 9（3）：92-104.

岳昌君. 2013. 1998—2011 年间高校生均经费的地区差异分析. 中国高教研究,（7）：42-47.

岳昌君, 丁小浩. 2003. 教育投资比例的国际比较. 教育研究,（5）：58-63.

张红峰, 谢安邦. 2008. 高等教育投资模式的分类、比较与思考. 中国高教研究,（5）：24-27.

张淑惠, 王潇潇. 2012. 财政投入对高等教育规模的影响——基于联立方程模型. 中国高教研究,（10）：15-20.

张文, 梅俊, 王露露. 2021. 我国高等教育公共投资绩效区域差异及影响因素分析. 黑龙江高教研究, 39（1）：66-72.

张振刚, 刘源, 余传鹏. 2011. 我国区域教育经费投入对各区域高等教育规模的影响. 高等工程教育研究,（5）：72-77.

张紫薇, 牛风蕊, 陈晓宇. 2018. 教育经费收入的差距到底有多大？——基于 1608 所地方普通高校的多元指数分解研究. 教育科学, 34（6）：1-9.

赵德国, 蔡言厚, 党亚茹. 2019. 2019 中国大学评价研究报告——高考志愿填报指南（校友会版）. 北京：科学出版社.

赵凌. 2014. 高等教育财政改革：德国的探索及其对我国的启示. 现代教育科学（高教研究）,（1）：142-145，150.

赵应生, 洪煜, 钟秉林. 2010. 我国高等教育大众化进程中地方高校经费保障问题及对策. 教育研究,（7）：73-81.

周程. 2013. 政府需要进一步加大高校科研经费投入. 科学学研究, 31（10）：1450-1452.

朱昌发. 2004. 高等教育财政拨款体制的国际比较. 经济研究参考,（60）：8-20.

《2000/2001 年世界发展报告》编写组. 2001. 2000/2001 年世界发展报告：与贫困作斗争. 世界发展报告翻译组译. 北京：中国财政经济出版社.

Baldwin N, Borrelli S A. 2008. Education and economic growth in the United States: cross-national applications for an intra-national path Analysis. Policy Science, 41 (3): 183-204.

Becker G. 1975. Front matter, human capital: A theoretical and empirical analysis, with special reference to education. In Gary S. Becker. Human Capital: A Theoretical and Empirical Analysis, with Special Reference to Education (2nd ed) (pp.22-30). New York: University of Chicago Press.

Beme R, Stiefel L. 1984. The Measurement of Equity in School Finance: Conceptual, Methodological, and Empirical Dimensions. Baltimore: Johns Hopkins University Press.

Benneworth P. 2011. Quality-related Funding performance Agreements and Profiling in Higher Education. Enschede: University of Twente Press.

Benson C S. 1995. Educational financing. In Carnoy M. International Encyclopedia of Economics of Education. Second Edition (pp. 408-412). Cambridge: Cambridge University Press.

Carnoy M, Froumin I, Loyalka P K, et al. 2014. The concept of public goods, the state, and higher education finance: A view from the BRICs. Higher Education, 68 (3): 359-378.

Carpentier V. 2012. Public-private substitution in higher education: Has cost-sharing gone too far?. Higher Education Quarterly, 66 (4): 363-390.

Chapman B, Sinning M. 2014. Student loan reforms for German higher education: Financing tuition fees. Education Economics, 22 (6): 569-588.

Chowdry H, Dearden L, Goodman A, et al. 2012. The distributional impact of the 2012-13 higher education funding reforms in England. Fiscal Studies, 33 (2): 211-236.

Cohn E, Rhine S, Santos M C. 1989. Institutions of higher education as multi-product firms: Economies of scale and scope. Review of Economics and Statistics, 71 (2): 284-290.

Friedman M.1962. Capitalism and Freedom. Chicago: University of Chicago Press.

Han C L, Zhu K L. 2009. The study of returns to private investment in higher education from the point of employment. Canadian Social Science, 5 (1): 119-125.

Hanushek E A, Schwerdt G, Ludger W, et al. 2017. General education, vocational education, and labor-market outcomes over the lifecycle. Journal of Human Resources, University of Wisconsin Press, 52 (2): 48-87.

Heller D E. 1999. The effects of tuition and state financial aid on public college . The Review of

Higher Education，23（1）：65-89.

Hemelt S W，Marcotte D E. 2011. The impact of tuition increases on enrollment at public colleges and universities . Educational Evaluation and Policy Analysis，33（4）：435-457.

Hillman N W，Tandberg D A，Gross J. 2014. Market-based higher education：does Colorado's voucher model improve higher education access and efficiency? . Research in Higher Education，55（6）：601-625.

Hou L L，Li F L，Min W F. 2009. Multi-product total cost functions for higher education：The case of Chinese research universitie. Economics of Education Review，28（4）：505-511.

Johnes G，Johnes J，Thanassoulis E. 2008. An analysis of costs in institutions of higher education in England. Studies in Higher Education，33（5）：527-549.

Johnstone D B. 2004. The economics and politics of cost sharing in higher education：Comparative perspectives. Economics of Education Review，23（4）：403-410.

Kallison J M，Cohen P. 2010. A new compact for higher education：Funding and autonomy for reform and accountability. Innovation High Education，35（1）：37-49.

Li F L，Chen X L. 2013. Economies of scope in distance education：The case of Chinese research universities. International Review of Research in Open and Distributed Learning，13（3）：117-131.

Maria T D，Bleotu V. 2014. Modern trends in higher education funding. Procedia–Social and Behavioral Sciences，116：2226-2230.

Nagy S G，Kovats G，Nemeth A O. 2014. Governance and funding of higher education – international trends and best practices. Procedia–Social and Behavioral Sciences，116：180-184.

Odden A R，Picus L O. 2000. School Finance：A Policy Perspective. New York：McGraw-Hill.

OECD. 2011. Education at a Glance 2011：OECD Indicators. https://www.oecd.org/education/school/educationataglance2011oecdindicators.htm.

OECD. 2016. Education at a Glance 2016 . https://www.oecd.org/education/education-at-a-glance-19991487.htm.

OECD. 2018. Education at a Glance 2018 . https://www.oecd.org/edu/education-at-a-glance-19991487.htm. 2018-09-12.

Tandberg D A. 2010. Politics，Interest groups and state funding of public higher education. Research in Higher Education，51（5）：416-450.

Toutkoushian R，Hillman N W. 2012. The impact of state appropriations and grants on access to higher education and outmigration. The Review of Higher Education，36（1）：51-90.

Trostel P A. 2012. The effect of public support on college attainment. Higher Education Studies，2（4）：58-67.

UNESCO. 2016. Global Education monitoring report 2016 . https://unesdoc.unesco.org/images/0024/002457/245752e.pdf.

Van Vught F A. 1995. Autonomy and accountability in government/university relationships. In：Salmi J，Verspoor A M. Revitalizing higher education（pp. 322-363）. Oxford：Pergamon Press.

Wang D，Fu M Y. 2009. The evaluation of higher education expenditure performance and investment mechanism reform. International Education Studies，2（1）：18-24.

World Bank. 2017. World development indicators. https://data.worldbank.org/data-catalog/ world-development-indicators.

Yang Lijing，McCall B P. 2014. World education finance policies and higher education access：A statistical analysis of world development indicators for 86 countries. International Journal of Educational Development，（35）：25-36.

后　记
POSTSCRIPT

在本书研究过程中，笔者参考并借鉴了很多前人的研究成果，在此表示感谢。在本书文献搜集、数据收集、加工整理和数据分析过程中也得到了研究团队诸多同事和同学的帮助，非常感谢各位的辛勤劳作与协作，他们投入充足的智慧和精力来一起推进本书研究的开展。研究团队每一位成员的真诚贡献，为本书研究的开展提供了丰富的宝贵的一手资料，让本书研究过程和研究结果更具科学性和真实性，也使得本书在今天得以顺利面世。

在本书研究过程中，还要感谢北京师范大学教育学部高等教育研究院提供的良好的社会接口和研究合作途径，使得本书在数据采集和专家意见获取时，既保证了数据的可信度，也保障了研究的可靠性。除此之外，北京师范大学高等教育研究院目前已积累大量国内外的相关资料，包括文献、软件和调查数据等，为本书研究的顺利开展提供了坚实的基础和有力的支撑。

感谢北京师范大学教育学部钟秉林教授、洪成文教授、姚云教授、周海涛教授在研究开展和本书出版过程中给予的关心和帮助。在此还要特别感谢北京师范大学首都教育经济研究院王善迈教授、刘泽云教授在研究设计和实施过程中给予的悉心指导。感谢密歇根大学安娜堡分校教育学院的 Brian P. McCall 教授对本书研究提出的宝贵建议。感谢北京师范大学教育学部硕士研究生徐伟琴、于国欢、南晓鹏、李媛、吕慧等同学在文献搜集和数据采集过程中提供的帮助。感谢科学出版社编辑老师们在专著出版上给予的指导和支持。

再次感谢参与本书研究工作的所有老师和同学以及被参考引用的各位作者，谨以此专著表达对各位的谢意！